新媒体时代新闻传播业的变革

左 晶 主编

知识产权出版社
全国百佳图书出版单位

图书在版编目（CIP）数据

新媒体时代新闻传播业的变革/左晶主编. —北京：知识产权出版社，2016.8
ISBN 978-7-5130-4299-4

Ⅰ.①新… Ⅱ.①左… Ⅲ.①新闻学—传播学—研究 Ⅳ.①G210

中国版本图书馆 CIP 数据核字（2016）第 148952 号

内容提要

本书所含多篇论文着重探讨新媒体时代新闻传播领域的新问题、新挑战和新机遇，主要涵盖新媒体与传播新格局、新媒体与传播策略、新闻传播史、新闻传播教育等四个方面。

责任编辑：刘晓庆　于晓菲　　　　　　　责任出版：孙婷婷

新媒体时代新闻传播业的变革

XINMEITI SHIDAI XINWEN CHUANBOYE DE BIANGE

左　晶　主编

出版发行：知识产权出版社 有限责任公司	网　址：http://www.ipph.cn
电　话：010-82004826	http://www.laichushu.com
社　址：北京市海淀区西外太平庄 55 号	邮　编：100081
责编电话：010-82000860 转 8363	责编邮箱：yuxiaofei@cnipr.com
发行电话：010-82000860 转 8101/8029	发行传真：010-82000893/82003279
印　刷：北京中献拓方科技发展有限公司	经　销：各大网上书店、新华书店及相关专业书店
开　本：720mm×960mm　1/16	印　张：15.25
版　次：2016 年 8 月第 1 版	印　次：2016 年 8 月第 1 次印刷
字　数：203 千字	定　价：58.00 元

ISBN 978-7-5130-4299-4

目　录

"粉丝经济"推动下的微信自媒体
盈利模式探析

杨 奇

（北京印刷学院，北京 102600）

【摘 要】智能手机的普及，似乎应验了加拿大传播学学者马歇尔·麦克卢汉所提出的"媒介即人体的延伸"。手机不但是人们生活的一部分，还成为了人体的各个能动器官的延伸，这为以微信为代表的自媒体提供了广大市场。有需求就会有市场，有受众就会有商机。在"粉丝经济"的推动下，微信自媒体将如何盈利是一个值得关注的问题。文章将结合微信公众号的运营情况，对微信自媒体的盈利模式进行探析，旨在让读者对微信自媒体的盈利模式有一个较为清晰的了解，并对对微信自媒体未来的运营提供些许参考。

【关键字】粉丝经济；微信；自媒体；盈利模式

一、微信自媒体运营背景——数据支撑的广阔市场

自媒体诞生于 21 世纪，2003 年，在谢因·波曼与克里斯·威利斯联合撰写的《We Media（自媒体）》一书中将"自媒体"定义为：自媒体是普通大众经由数字科技强化，与全球知识体系相连之后，一种开始理解普通

大众如何提供与分享他们本身的事实和新闻的途径①。2009年，学者罗斌对网络自媒体进行了系统的研究，阐述其内涵、特征和功能，指出自媒体使得网络传播的格局进一步多元化与复杂化，并认为它将是网络媒体发展的主流方向。同年，陈勤教授在《媒体创意与策划》中指出，自媒体是继e-mail、BBS和IM之后出现的第四种网络交流方式，是一种全新的媒体形式。自媒体在中国的兴起，除了得益于数字化传播工具和技术手段的飞速发展外，更是被称为"我时代"的80后年轻人集体"造势"的直接结果。学者代玉梅认为，自媒体是区别于其他媒体与平台的一种信息传播方式的变迁。2011年，学者夏德元也在其著作《电子媒介人的崛起——社会的媒介化与媒介关系的嬗变》中提出了一个颇受学界认可的关于自媒体的定义：自媒体就是私人化、平民化、自主化的传播个体提供信息生产、积累、共享、传播的独立空间，可以从事面向多数人的，内容兼具私密性和公开性，交互信息传播的传播方式总称。微信自媒体是"微时代"崛起的产物，以微信平台为载体，建立一个平台化、个性化、人格化的媒体发声器对公众提供或分享信息。

2015年，在腾讯全球合作伙伴大会"互联网+微信"的分论坛上，腾讯微信官方第一次公开微信用户数据。数据显示：2015年9月，微信平均日登录用户达5.7亿。凯洛传播关于《微信使用分析、2015年上半年微信用户数据报告》显示：微信用户中有29.1%的人关注了自媒体公众号。企鹅智酷发布首份《微信平台数据化研究报告》指出：平均每天打开微信10次以上的用户达到55.2%。

随着科学技术的发展，生活节奏加快，在工作之余，人们更加渴望寻求精神的寄托，自媒体成为一种副业、一种爱好。在这个"机不离手"的时代，微信公众号平台更是被视为一种宣泄自我、反思自我和构建自我的

①　Shayne Bowman, Chris Willis. We Media-How audience are shaping the future of news and information [M]. New York: The Media Center, 2003.

一种平台与方式，它也因此而赢得了一定的发展空间。例如，"深夜发媸"是一个运营 14 个月坐拥"40 万+"关注的微信公众平台。它于 2014 年 3 月 19 日设立，截止 2015 年 10 月，关注量已经超过 60 万，是 2015 年微信公众号排行榜中十大趣玩类微信公众号之一①。"六神磊磊读金庸"是一个于 2013 年 12 月 10 日设立的以读金庸作品为主，打造最有趣的原创读书微信公众号平台。"顾爷"是一个于 2014 年 5 月 20 日设立的以西方美术史为题材，专门聊绘画的微信公众号。据新榜（中国新媒体第一站）数据显示，微信公众"六神磊磊读金庸"和"顾爷"现如今的预估粉丝活跃均达 180 万以上，两个微信公众号的创始人兼运营人王晓磊和顾孟劼均被评为"2015 年新媒体百大人物"之一。海量用户为微信自媒体由非商业走向盈利的发展奠定了基础。目前，这些公众号都有了自己一些特有的运营模式。

二、微信自媒体的盈利可能

（一）"磁场效应"带来的关注扩张

随着网络技术的发展，空间上的交流似乎更加适用于现实社会。大多数人更倾向于通过社交媒介来维系自己的人际关系，并通过在社交媒介上发布信息来向别人表达自己，点赞与转发成为一种"默契"的交流方式。以"趣缘"构成的小众化圈子，其内部结构更加牢靠。而微信与微博的不同在于，微信偏向于熟人交际，在内容传播的可信度上，微信比微博传播得更加有效。以公众号"深夜发媸"为例，其传播模式主要依靠的是微信朋友圈的人际传播和微信公众号之间的相互推广。"趣缘"的切合点就是共同的文化趋向，而共同的文化趋向可以带来"磁场效应"。磁场效应原指物质的磁性与其力学、声学、热学、光学和电学等性能均取决于物质内原子

---

① 摘自中商情报网。

和电子状态及它们之间的相互作用①。在这里，笔者将其用于表述在以"趣缘"为导向，并相互作用的人群之中形成的如磁石间强有力的吸引空间。在磁场效应的作用下，微信公众号的用户关注迅速扩张。

（二）用户存在感带来的追逐狂热

"范圈"是指一个群体不大，但狂热度极高的一个因为某一事物或人物聚集的小众圈子，换一种说法，就是由用户中狂热度极高的人所组成的粉丝小团体。公众号"深夜发媸"的创始人及运营人徐妍说，除共同的文化趋向外，让粉丝欲罢不能就是公众号"吸粉"的重要原因。让粉丝欲罢不能的主要方式就是将自己人格化，保持用户高黏度，与用户高频次互动，体现用户存在感。其核心为体现用户存在感，即用户在公众号中的存在感。用马斯洛需求理论解释用户存在感，就是将用户对公众号的关注行为上升到一个自我价值实现的高度上，以此来实现用户对公众号的黏度。关注用户存在感就是要与用户形成互动，而这种互动不仅仅限于公众号内容评论区及后台维持高频次的互动，还应包括公众号内容制造的方方面面。通过对阅读数量、点赞数量、文章转发数量，以及评论数量和评论内容互动数据进行分析，一切以用户的喜好为出发点，用户存在感随即带来的将是用户对公众号推送内容的追逐狂热。当用户有了存在感以后，用户就会由普通用户或普通粉丝向"范圈"中的一员发展。

（三）"粉丝经济"带来的消费市场

"粉丝经济"是由粉丝文化快速发展而来。台湾作家张嫱在《粉丝力量大》一书中将"粉丝经济"定义为：以情绪资本为核心，以粉丝社区为主导的营销手段，从消费者的情感出发，企业借力、使力，达到为品牌与偶像增值情绪资本的目的。粉丝经济带来的消费市场就是从用户到粉丝，再

---

① 百度词条.磁场效应［EB/OL］. http://baike.baidu.com/view/1100207.htm

通过粉丝社群构建一个"内容+产品"的消费市场。

对微信自媒体公众号来说，最重要的是其生产的内容，用户关注的也是公众号内容给用户所带来的精神上的放松。在快节奏的生活压力下，有趣的、网络化的语言和一个开放的可用于倾诉的平台，可以带给用户很好的放松体验。网络文学的盛行也给微信公众号爆红提供了这样一个契机。正是海量微信用户的强力支撑，磁场效应带来的用户关注迅速扩张，以及用户存在感带来的用户追逐狂热，为微信自媒体公众号提供了一个以粉丝社群为目标受众的消费市场。

除此之外，关注微信公众号的用户在消费公众号内容产品的过程中还可被微信公众号的运营者所消费。这也正与传媒产品"一个产品两个市场"的特征相契合。用户以公众号内容为消费主体，用户相互间的互动为动力，群体规模逐日递增。关注用户的增多也会吸引一些企业广告商的目光，以微信公众号的关注用户为目标受众，借微信公众号的平台来宣传自己的品牌或产品，因为这样的广告投放更加有针对性。

三、微信自媒体的两种盈利模式——内容产品的"打赏"机制与"干爹"投资的广告植入

"打赏"一词自古有之，互联网出现后，随着社会的日渐商业化而被引入，它经由起初的虚拟道具、钱币，到支付宝、财付通等网上转账产品推广后的直接网上现金转账。受粉丝经济的影响，"打赏"所应用的范围也越来越广泛，起初用于盛行的网络文学当中，而后又被微博、微信等社交平台所引用。

2015年3月，微信对赞赏功能进行内测，并正式启用。凡是以个人为主体的公众号，其原创作品皆可申请赞赏功能。符合资质的微信公众号所推送的内容底部会出现赞赏按钮，用户可以根据自己对公众号所推送内容的喜好程度打赏不同数额的现金。只是每个公众号的打赏金额，除微信自

带的 1~256 元的可由用户自主任意输入的其他金额选项外，微信公众号的运营者也可自主设置 6 个金额不超过 200 元的直接选项。例如，在公众号"深夜发嗤"的设有赞赏功能的推送内容下面就有 2 元、5 元、6 元、8 元、10 元和 69 元直接按钮选项。在公众号"六神磊磊读金庸"的设有赞赏功能的推送内容下面，则有 5 元、20 元、50 元、80 元、100 元和 200 元的直接按钮选项。

就微信用户群体来说，用户主要在 15~60 岁之间，其中，又以 15~29 岁的年轻群体为主。微信自媒体在运营过程中，其内容主要以 UGC（用户写作）为主，加上对时下热点的剖析，再配以幽默、搞笑的插画或配图。用公众号"深夜发嗤"的创始人兼运营人徐妍的话说：在"深夜发嗤"里，UGC（用户写作）是最主要的，所以他们每天都会用心去发掘读者想说的，尝试不同的话题，给用户提供一个平台给他们倾诉。同时，公众号还非常重视与读者的互动，比如有意写错别字，被读者揪出来；不更新，被读者催促；发语音，被读者吐槽；许多"深夜发嗤"的关注用户都以写评论，评论上推送内容下方的精选留言为自我存在的价值体现，以获得心理认同。公众号"六神磊磊读金庸"的创始人兼运营人王晓磊说：永远不要低估读者的鉴赏能力，所以还要切实采取行动吸纳用户建议，让用户保持在微信公众号上持续参与和互动的积极性。内容产品的中心就是用户，抓住用户就是内容产品的核心。

内容产品的吸引力与"打赏"机制的有机结合是微信自媒体在运营过程中的盈利模式之一，但是这种盈利模式所带来单次收益是比较微薄的，可能一篇阅读量 10 万以上，点赞量好几千的文章，也只能获得几百人的打赏。对微信自媒体公众号的盈利来说，并不是所有公众号每一次的推送内容都会设置赞赏功能。赞赏功能的更大作用，是让用户在"打赏"的过程中与公众号形成互动，并且在"打赏"机制与内容产品的配合下，培养用户的消费习惯。

　　微信自媒体公众号的另一块盈利，主要来自于想要借助微信自媒体平台进行品牌或产品宣传的企业及广告主的投资收益。这也是微信自媒体公众号运营的最主要的盈利来源。如今，企业及广告主在网络术语中常被用"干爹"来代替。之所以将"干爹"用来代替借助微信、微博或其他社交媒介来宣传品牌或产品的企业或广告主，主要是由于近年来"干爹文化"由娱乐圈向社会各界的迅速发展及延伸。"干爹"投资的广告以微信公众号关注用户为消费主体。由于"段子手热潮"让营销者们看到了商机，段子营销也引起了各界的重视。因此，许多人纷纷加入这一热潮当中，讲段子、看段子和听段子成为了一种流行趋势，段子营销更成为了许多品牌传播的优选。对微信公众号的运营来说，将段子融入内容产品中，既可以使自己的内容产品更加丰富，富有吸引力，又可以更好地招揽到"干爹"的投资。

　　例如，公众号"六神磊磊读金庸"为完美旗下的《神雕侠侣》手游写过一篇"杨过和郭芙：下次你路过，人间已无我"的软文推送。公众号"顾爷"为凯迪拉克 CT6 做过一篇"最帅 poss"的软文推送，其阅读量均达10 万以上。像乐事、雀巢咖啡、施华蔻和薇姿等众多广为人知的品牌都与公众号"深夜发媸"有过合作。在这个微信用户迅速增长的时代，微信自媒体的传播力量不容小觑，其影响力正在迅速增加。借助微信自媒体平台进行品牌或产品宣传，将品牌或产品完美植入微信公众号的内容推送里，是伴随着新媒介环境下的又一有效传播新方式。

结　语

　　随着科学技术的发展，新的媒介环境在带给人们无限可能和处处商机的同时，新媒体的零技术门槛更是让拥有海量用户的微信自媒体运营者们面临前所未有的巨大竞争。人人都有手机，人人都能通过新媒体技术打造属于自己的"发声器"。在"粉丝经济"的推动下，用户为王、用户至上，拥有用户就拥有商机。对于微信自媒体公众号的运营，用户就是其经济收益来源，从用户体验出发，做好微信公众号的内容产品是关键。转用户为粉丝，通过高频的互动，在粉丝中形成"范圈"，这样才能推动微信自媒体公众号的良好运营发展，完善的盈利模式是微信自媒体公众号能持续运营的基础与必备条件。

参考文献

[1] 陈勤. 媒体创意与策划[M]. 北京:中国传媒大学出版社,2009.

[2] 张嫱. 粉丝力量大[M]. 北京:中国人民大学出版社,2010.

[3] 张辉锋. 传媒经济学理论、历史与实务[M]. 北京:人民日报出版社,2012.

[4] 周璐. 自媒体的运营策略研究——以《逻辑思维》为例[D]. 江西:江西师范大学,2015.

[5] 张弥弭. 基于网络自媒体平台的品牌模式研究——以微信公众号平台为例[D]. 厦门:厦门大学,2014.

[6] 陈晨. 自媒体崛起背景下的传统媒体新闻生产方式嬗变研究[D]. 广州:暨南大学,2011.

[7] 夏元德. 电子媒介人的崛起——社会的媒介化及人与媒介关系的嬗变[D]. 上海:复旦大学,2011.

[8] 罗斌. 网络自媒体研究[D]. 兰州:兰州大学,2009.

[9] 邱晨. 基于魅力质量观的品牌磁场效应研究[D]. 兰州:兰州商学院,2013.

[10] 2015 微信生活白皮书[R]. 腾讯科技,2015-10-23.

[11] 微信使用分析、2015 上半年微信用户数据报告[R]. 凯洛传播,2015-12-20.

[12] 微信平台数据化研究报告[R]. 企鹅智酷,2015-01-27.

[13] 林小桢. 浅析粉丝经济的发展[J]. 时代金融,2015(1):8-9.

[14] 张聪. 应用于自出版平台的"打赏"模式研究[J]. 科技与出版, 2015(6):134-139.

[15] 刘典. 中国的"干爹"文化[J]. 文苑广角,2013(5):74.

[16] 代玉梅. 自媒体的本质:信息共享的及时互交平台[J]. 云南社会科学,2011(6):172-174.

[17] 徐妍. 为什么我不鼓励大家做 10+的文章[EB/OL]. [2015-10-20]. http://www.

meihua.info/a/64932.

[18] 微信公众号"深夜发媸"是怎么爆红的,带你看看创始人徐妍怎么玩[EB/OL].
　　[2015-08-14]. http://www.weihaotui.com/NewsInfo_631.html.

本土与异质文化整合中的戏曲跨文化传播
——以川剧《中国公主杜兰朵》对歌剧《图兰朵》的改编为例

高山湖

（四川省艺术研究院，成都）

【摘　要】在全球化进程中，本土文化与相对于本土文化的外来异质文化，正在进行着相互间的对接、渗透与整合。文章拟以川剧《中国公主杜兰朵》对歌剧《图兰朵》的本土化改编及海外再传播为例，探讨戏曲的双向跨文化传播。

【关键字】跨文化传播；本土文化；异质文化；川剧；歌剧；整合

在全球化进程中，本土文化与相对于本土文化的外来异质文化，正在进行着相互间的对接、渗透与整合。

本土文化与传统文化不是一个概念，它是本民族的生活习惯和思维方式在文化上的显现。它是历史传统的传承，也是立足于现实生活的更新与发展。它扎根本土，是土生土长的一种文化形式，也是传统文化在现实变化中整合发展的结果。但是，全球化的进程使国与国之间、地域与地域之间的界线变得越来越模糊，而今的本土文化已不再是曾经的本土化，它已逐渐融入国际化并成为全球多元文化的一部分。美国文化人类学家鲁思·本尼迪克特认为："各种文化也都超出了其特性的总和……从周围地区的那些可能的特性中选择其可用者，而舍弃了那些无用者。它把其他的特性都重新改造成为与它的需要相一致的样子。""这种文化的整合一点儿也不神秘，它与艺术风格的产生和存留，是同一进程。"[1]

基于此，本文拟以川剧《中国公主杜兰朵》对异质文化语境中的歌剧《图兰朵》的本土化改编及海外再传播为例，探讨戏曲的双向跨文化传播。

一、《中国公主杜兰朵》的异质转型

歌剧《图兰朵》，最早源于阿拉伯民间故事集《一千零一日》中的《杜兰铎的三个谜》，也叫《卡拉夫和中国公主的故事》。《杜兰铎的三个谜》出自波斯诗人内扎米的叙事诗《七个美女》（又名《七座宫殿》或《别赫拉姆书》），而《七个美女》又源自波斯诗人菲尔多西《列王纪》中萨桑尼王朝的别赫拉姆五世的记载和传说。《杜兰铎的三个谜》讲述的是"中东公主图兰朵"，她高傲、残忍，杀死了不少前来求婚的人，最后被鞑靼王子卡拉夫感化而懂得了人间真爱。意大利作曲家普契尼根据这个故事改编的歌剧《图兰朵》，于1926年在米兰斯卡拉歌剧院首演，并获得了巨大成功。1998年，中国电影导演张艺谋以北京紫禁城为背景，首次执导歌剧《图兰朵》，演出惊艳世界。11年后的2009年，他又将《图兰朵》搬进"鸟巢"，用现代、时尚的气息带给观众全新的视听盛宴。在此之后，该剧又在世界各地巡演，广获好评。

普契尼版歌剧《图兰朵》的故事，发生在中国元朝。剧中的公主图兰朵为了报祖先被掳之仇，张榜三个谜语求婚，为此处死了不少答错迷底的人。后来流亡的鞑靼王子卡拉夫被图兰朵的美貌所吸引，答对了谜语，最终让冷酷的公主回心转意。可见，普契尼版歌剧《图兰朵》是西方人臆想的中国故事。根据这部歌剧改编的川剧《中国公主杜兰朵》，则借其人物原型与故事梗概，而变其内核精神与异质形态，既像《图兰朵》，又不是《图兰朵》，以川剧独特的表演形式重新演绎了西方人眼中的这一中国传说故事。早在1988年，该剧就曾与意大利歌剧《图兰朵》相约在北京，实现了一次世界性的对话。2004年，该剧又受邀赴澳大利亚巡演12场。其中，

4 场均在悉尼歌剧院演出，成为川剧在世界级音乐殿堂的首次亮相。这样一部有着双向跨文化传播的经典剧目，既是一部"给中国人讲的外国传说"，也是"讲给外国人听的中国传说"。

（一） 给中国人讲的外国传说

川剧舞台上讲述外国故事，之前早有先例。民国初年，雅安川剧团王国仁先生就曾把《哈姆雷特》改编为川剧《杀兄夺嫂》，首开戏曲编演莎剧之先河，也成为川剧舞台上演外国戏剧之滥觞。川剧《中国公主杜兰朵》讲述的本来是一个外国故事，但是在中国观众看来，又完完全全是一个中国故事。事实上，它应该是一个披上了中国"外衣"、有中国人生活习俗、融入了中华传统文化精神的外国传说。能达此效果，则得益于川剧《中国公主杜兰朵》对外来异质文化的对接、渗透与转型，并在此过程中融入了本土文化。

类似的例子，还有改编自莎士比亚《马克白》的川剧《马克白夫人》，改编自美国剧作家奥尼尔《榆树下的欲望》的川剧《欲海狂潮》，以及根据莫里哀《情仇》改编的沪剧《花弄影》、根据莎士比亚《麦克白》改编的昆曲《血手印》和京剧《欲望城国》，等等。

（二） 讲给外国人听的中国传说

尽管川剧《中国公主杜兰朵》的故事缘自《图兰朵》，但当它摇身一变而再次出现在西方观众面前时，在西方人看来，它又完完全全是一个中国传说。因为在这个剧中，西方人看到的全是中国人、中国社会、中国故事、中国人的生活方式与风俗习惯和审美价值观，等等。毋庸置疑，在西方人眼里，这是一个来自中国的"异质文化"、一个非本土的"外来文化"。其实，他们中的大多数人或许不曾想到，这原本就是他们讲述的中国故事，只不过在被别的"异质文化"对接、渗透与转型后，变得"似曾相识"或

"面目全非"而成为了中国人讲给他们听的"中国传说"。

类似的例子，还有改编自布莱希特《高加索灰阑记》的川剧《灰阑记》，改编自德国剧作家布莱希特同名剧作的川剧《四川好人》等。

川剧《中国公主杜兰朵》对于歌剧《图兰朵》而言，是把一种外来的"异质文化"对接、渗透、整合而融入了"本土文化"；反之，把中国人视为"本土文化"的川剧《中国公主杜兰朵》搬上西方舞台，则须从西方人看作"异质文化"的"隔阂"中，向他们的"本土文化"对接、渗透与整合。这是先"引入"、后"输出"的对接与渗透，也是把异质化为本土、再将本土化为异质的"双向整合"过程。

二、《中国公主杜兰朵》对异质文化的整合

本土与异质，在双方看来都互为"异质文化"。当两种不同的"异质文化"相遇时，冲突在所难免。[2]那么，本土到异质、异质到本土，它们之间当如何实现对接、渗透与整合呢？

与"异质文化"相对应的，便是"同质文化"。所谓"同质文化"，是指在不同的种族、不同的文化中，蕴涵着一些彼此共有的相同或者相似的一些特质。简言之，就是基于人类生存方式中那些相同的需求与欲望，而组建成有关人类普遍的衣食住行的文化体系。比如，无论来自何种民族、何种国家与地区，人们对美好生活的向往是相同的，对爱情与亲情的追求是相同的，对"真善美""正直""勤劳""勇敢"等优良品质的认同是一致的。基于此，本土与异质之间，才有可能搭建起相互对接、渗透的桥梁。因为"同质文化"在世界文化整体中相对来说是较为稳定的部分，因而它使世界范围内的文化对接成为可能。整合，则是不同文化相互吸收、融化、调和而趋于一体化的过程。当本土文化与异质文化相遇时，它们之间就有可能发生在形式与内容上的对接、渗透与变化，以至逐渐整合成为一种新的文化。

　　鲁思·本尼迪克特认为，整合的首要条件就是选择，不经选择，没有任何一种文化是可以被理解的。川剧《中国公主杜兰朵》就是在"选择"中，将外来"异质文化"歌剧《图兰朵》进行对接、渗透，而逐渐整合为一种新的文化，其过程就是中国化、戏曲化和川剧化。

（一）中国化

　　剧作家罗怀臻认为，中国戏曲改编外国名著有两种模式：一是"中国版"，二是"中国化"。所谓"中国版"，就是某外国原著的"中国版本"，即用外国式的服装和道具，表演外国的人物和故事；所不同的只是用中国的某一种戏曲形式来搬演。而"中国化"，则是只选取外国原著中的人物形象、故事情节和思想意蕴，再让它们穿上戏曲艺术形式的"外衣"，宿原著之情节和精神于中国戏曲的艺术形态之中，即用中国的语言、服装，演中国的人和事。[3]显然，川剧《中国公主杜兰朵》走的是"中国化"的路子。

　　歌剧《图兰朵》是西方人眼中的中国故事，但舞台上表现出来的一切，人物、环境、服饰和习俗等，却是地道的异国情调"西洋风"。对此，川剧《中国公主杜兰朵》的剧作者魏明伦先生，对原著首先做了一番深思熟虑的"选择"：保留原著的人物关系、基本的故事框架，运用类似的矛盾冲突与高潮设置，但从内到外却都做了"脱胎换骨"和"改头换面"的大手术，从而让其无论在视觉、听觉和感觉上，都像是"原汁原味"的地道"中国风"。在视觉上，人物、环境、服饰和地方戏曲川剧的表现形式，让人一看就是一出中国古代帝王将相、才子佳人的戏。在听觉上，四川方言、锣鼓伴奏的"昆高胡弹灯"音乐唱腔，一听就是一出极富生活气息的中国地方戏。在感觉上，它与以往戏曲舞台上演的传统戏、新编历史剧几乎毫无两样。在观众眼里，它就是一出地道的中国戏曲。

　　中国化，说到底是民族化。其实质是民族性，这是一个民族所特有的、共同的、根本的特性。我们常说世界性、民族性，一旦离开了民族性，就无所谓世界性。其差别就在，并非所有民族性都具有世界性。只有当某一民族文化具有了深刻表现"普遍的人性"和人类的共同美，并真实展示了社会的发展趋势和时代精神时，这样的民族艺术才有可能成为世界所共赏的文化。川剧《中国公主杜兰朵》就做到了这一点。

（二）戏曲化

伏尔泰说："每种艺术都具有标志这种艺术的国家的特殊气质。"[4]中国戏曲艺术蕴含着中华民族千百年来的社会生活、文化背景、思维心理、道德规范和审美习惯的传统积淀。从内容到形式，每种艺术都闪烁着强烈的民族色彩。中国戏曲、印度梵剧与古希腊戏剧并称为"世界三大古老的戏剧文化"。梅兰芳体系（或称"中国戏曲表演体系"）又与斯坦尼斯拉夫斯基、布莱希特同为"世界三大戏剧体系"。[5]因此，中国戏曲无论在过去还是当下，无论是艺术风格还是艺术形态，都有别于世界其他国家和民族。

为此，对于"异质文化"语境中的歌剧《图兰朵》的改编，从艺术形式上说，便面临三种选择：一是照搬原著的歌剧形式；二是选用话剧、舞剧和音乐剧等其他艺术形式；三是选择中国戏曲。川剧《中国公主杜兰朵》选择的是最后一种，这毋庸置疑。因为歌剧、话剧、舞剧和音乐剧等属于西洋"舶来品"，都不是中国土生土长的艺术，唯独中国戏曲是中华民族"国家的特殊气质"的"标志"。起源于原始歌舞的中国戏曲，在历经汉、唐、宋、金上千年的历史积淀中，形成了"以歌舞演故事"的非常独特的综合舞台艺术样式，以至形成了今天的中国戏曲艺术体系。

因此，戏曲化"化出"的是老外异国情调的"西洋风"，"化入"的是中国的面孔、中国人的故事和中国的民族精神。戏曲化，如同给作品贴上了"Made in China"的标签、为作品打上了中华民族的烙印，也展示出了作品"独立于世界之林"的古老的中华文明。川剧《中国公主杜兰朵》做到了。

(三) 川剧化

如果说, "中国化" 解决的是有别于中、西两种不同文化差异的民族划分, "戏曲化" 解决的是对接与渗透 "异质文化" 的民族艺术形式的确立, 那么 "川剧化" 要解决的便是具有民族性的艺术形式的最后 "落脚点" ——即具体的戏曲表现形式。于此, 又面临三种 "选择": 一是中华民族是一个有着 56 个民族的多民族国家, 选择哪一个民族的戏剧形式? 二是中国地域辽阔, 确定哪一地区的剧种? 三是不同民族、不同地域有着不同的地方戏曲形式, 选用川剧、藏剧、沪剧、越剧、黄梅戏, 还是京剧? 不用说, 川剧《中国公主杜兰朵》选择的是汉族—巴蜀—川剧。

川剧化其实是一种区别特征, 是该地域的艺术特征与其他地域有所差别的关键所在。它是由地域、文化习俗、时间累积共同作用、相互影响而具体体现出的思想意识、生活习惯等方面的地区性差异在艺术形式上的外化。川剧化说到底是地方化。试想, 当舞台大幕一开, 锣鼓响起, 随着剧中人物上场一个 "亮相"、一句风趣幽默的四川话、唱出一板川剧高腔红衲袄, 人物形象、环境氛围、性格特征和风土习俗等不都鲜活地展现在观众面前了吗? 这一方面, 川剧《中国公主杜兰朵》也做到了。当然, 川剧化的前提是全球化、一体化和交融性, 否则地方化是没有意义的。

露丝·本尼迪克特认为, "一种文化在它自身某种规范化的动机、情感、价值和准则的作用下, 从周围地区的那些可能的特性中选择其可用者, 而舍弃了不可用者, 把其他的特性都重新改造, 使它们符合自己的需要。"[6]这就是整合的结果。川剧《中国公主杜兰朵》对歌剧《图兰朵》的改编, 便成功地完成了对外来 "异质文化" 的对接、渗透与整合。

三、《中国公主杜兰朵》的跨文化传播

《跨文化传播》一书的作者拉里·A·萨默瓦和理查德·E·波特认为:

"跨文化传播指的是拥有不同文化感知和符号系统的人们之间进行的交流，他们的这些不同足以改变交流事件。"[7]在跨文化语境中，不同的戏剧文化都有可能相遇并发生化合。同时，每一种戏剧文化又在与其他戏剧文化以排列组合的方式互动着，并衍生出各种新的戏剧文化，所以一切戏剧实践都可能是跨文化的。然而，"异质文化"之间的传播和交流，文化差异的影响都是不容忽视的。文化差异，既有助于跨文化传播并使之成为可能，又可能给跨文化传播制造出种种障碍。

　　川剧《中国公主杜兰朵》对歌剧《图兰朵》的改编，就是克服中、西"文化差异"之间的障碍所进行的跨文化传播。怎样才能既保持本土戏剧的本质内涵，又能相对轻松地接受外来的戏剧形式？对此，南京大学解玉峰教授认为：形而上的部分不可兼容，形而下的部分可以借鉴。[8]川剧《中国公主杜兰朵》的改编，就是对"形而上"的坚守、对"形而下"的借鉴的一次成功示范，从而给后人留下了十分可贵的经验。

（一）川剧《中国公主杜兰朵》的双向跨文化传播实践

　　川剧《中国公主图兰朵》的改编，是一次双向的对接和渗透。它把异质转化为本土、再把本土化为异质，而后进行整合，但其过程却是同时的。

1. 异质文化的本土化编码

　　对于歌剧《图兰朵》，改编者曾坦言，它是把"外国人臆想的中国故事"改成了"中国人再创的外国传说"；坦言是把洋人西欧化、音乐化、歌剧化的东方题材，变成了西方题材的中国化、戏曲化和川剧化。改编者曾公开声称自己的创作构思如下。

　　在写意传神、亦庄亦谐的戏曲舞台上，在唱做念打并重、昆高胡弹灯并用、文学性与戏剧性并行、可视性与可思性并举的川剧《中国公主杜兰朵》里，故事情节大体与国际通行的歌剧接轨，但人物性格发展更为多彩，主题内涵开拓更为多义——爱美之心，人皆有之；雌雄之配，人皆共之；

沉鱼落雁，外貌之美；龙楼凤阁，权势之美之。然而仁爱万物，情重千秋，心灵之美之；高山流水，清风明月，自然之美也。世人往往好高骛远，奢望蜃楼，其实最美者早在身旁！痴男骄女一旦彻悟，从外貌美透心灵，弃权势回归自然，升入至善至美境界。川剧如此结尾，与歌剧大不相同。[9]

正因为如此，原著中的"三个谜语"在川剧中变成了"三个难题"：举鼎、斗智和比武，去除了晦涩又极具中国特色；原著中的"鞑靼王子卡拉夫"变成了"没落王孙、孤岛隐士无名氏"，让主人公更"接地气"；原著中"图兰朵婚嫁王子的大团圆"结局，变成了"两叶扁舟，一前一后。杜兰朵追逐无名氏于烟波深处"，让人浮想联翩；原著"消除仇恨，象征博爱"的主题变成了"自然美、心灵美才是至善至美"的延展，更升华了主题。在这样的构思运作下，异质文化化为了本土文化。

2. 本土文化的异质化解码

川剧《中国公主杜兰朵》出现在西方舞台上，对老外来说无疑是"嫁出的女儿回娘家"，自然别有一番熟悉而又新奇的味道。针对海外演出，该剧又做出了适应西方观众欣赏习惯的调整，将已经本土化的戏曲又进行异质化的解读。使得在外国观众眼里，它既相似又面目全非：歌剧《今夜无人入眠》的插曲和中国江南民间小调《茉莉花》，此起彼伏于川剧的唱腔和音乐中；变脸、吐火等特技，让观众惊叹诧异；身着性感小肚兜翩翩起舞的美女侍卫队，格外抢人眼球——主题、人物、剧情及语言等都不再是原来的模样，而是具有浓厚的东方气息、炫目的艺术表演和古老的中华文明。从观众阵阵的掌声中，可以看出他们接受了、喜欢了，而且着迷了。这无疑源自人类共同的"爱美之心""雌雄之配""外貌之美""权势之美""心灵之美"与"自然之美"。这些跨国界、超民族的"同质文化"特质，化解了彼此间视为"异质"的隔膜。

对于跨文化，弗雷德里克·詹姆逊解释说，文化"缘自至少两个群体以上的关系"，"任何一个群体都不可能独自拥有一种文化。文化是一个群体接触并观察另一群体时所发现的氛围，它是那个群体陌生奇异之处的外化。"川剧《中国公主杜兰朵》便是在与"一个群体接触并观察另一群体时"，将对方认为的"异质"化解和融入了他们可以接纳的"本土"中。于是，本土文化又化为了异质文化。

3. 本土与异质的整合

事实上，异质化为本土、本土再化为异质，这是跨文化传播中同一过程的两种思维走向。换言之，就是在考虑如何将异质文化化为本土文化时，就同时考虑如何将这样的本土文化再化为对方可以接受的异质文化。这似乎有点"上得厅堂、下得厨房""扛起锄头是农夫、拿起枪杆是战士"的意味。因此，这是一个"左顾右盼""瞻前顾后"的过程，也是"顾此又不失彼""捏着苹果又不丢桃子"的做法。这是同一过程中两种思维走向对接、渗透后的统一，这就是整合。川剧《中国公主杜兰朵》便是这一过程的一次成功示范。

（二）川剧《中国公主杜兰朵》跨文化传播的当代意义

川剧《中国公主杜兰朵》对歌剧《图兰朵》的改编，是国家间跨文化传播活动的一次成功实践，其意义也远远超出了其创作本身。

（1）首先，它践行了一条道路。就文化输入而言，它拓展了国外艺术作品在我国的传播道路，丰富了戏曲的表现内容与形式，也促进了我国传统戏剧的创新与发展；从输出而言，中国戏曲对外国文艺作品的移植改编，也为中国戏曲的跨文化传播找到了更多的文化契合点，以国外受众熟悉的故事内容传播了中华艺术精髓，从而也推动了中华传统文化的跨文化传播。

（2）其次，它垂范了一种方法。正如魏明伦先生所说，洋人将这个来自东方的题材西欧化、音乐化、歌剧化，而国人则将这个外国题材中国化、戏曲化、川剧化。因此，戏曲移植改编外国文艺作品，带来的是中国文化与外国文化双向互动的传播效果，既促进了文化间的交流，又丰富了各自的艺术内容，可谓一石二鸟，是跨文化传播的一种有效途径。

（3）再次，它坚定了一种信念。在跨文化的语境中，各种文化都在借助自己本土文化的故事内核、人物原型来嫁接自己的价值观，并在全世界范围向外输出。川剧《中国公主杜兰朵》的成功，彰显了中国戏曲所拥有的多样性生存智慧和无与伦比的艺术高度，坚定了中国戏曲乃至中国文化独立于世界之林的自信，也实践了费孝通先生"美人之美，各美其美，美美与共，天下大同"的伟大文化追求和理念。

结　语

在全球化进程中，本土文化与异质文化的碰撞与交融不断加深，跨文化传播又让全球化与本土化相互借鉴、共生发展。中国戏曲蕴含着最具特色的民族精神与民族理念，是中华民族文化的绝佳象征。同时，它又是全球文化的一部分，它需要保持活力，从容应对文化的多元化发展与时代前进的步伐。川剧《中国公主杜兰朵》跨文化传播的成功示范，向世人彰显了中华文化的强大包容力、生命力，以及新时期对外传播的自信与潜力。

参考文献

[1] 鲁思·本尼迪克特. 文化模式[M]. 王炜,译. 北京:社会科学文献出版社,2009.

[2] 李春青. "异质"文化相遇时难免冲突[J]. 人民论坛,2008(15).

[3] 龚孝雄. "中国化"与"中国版"——浅谈中国戏曲改编外国名著的两种模式[J]. 剧本,2008(10).

[4] 韦新荣. 浅释中国戏曲的民族性[J]. 魅力中国,2014(24).

[5] 黄佐临. 漫谈戏剧观[J]. 上海戏剧,2006(8).

[6] 拉里·A. 萨默瓦,理查德·E. 波特. 跨文化传播[M]. 闵惠泉,五纬,徐培喜,等译. 北

京:中国人民大学出版社,2013.

[7] 徐晓梅. 浅议中国传统戏剧的跨文化传播[J]. 丝绸之路,2009(12).

[8] 魏明伦. 魏明伦女性剧作选·好女人坏女人[M]. 北京:作家出版社,2001.

[9] 弗雷德里克·詹姆逊. 快感:文化与政治[M]. 王逢振,等译. 北京:中国社会科学出版社,1998.

从"VICE 中国"看新媒体环境下中国微纪录片的传播策略

马 媛

（北京印刷学院，北京 102600）

【摘 要】随着新媒体技术和传播的发展，体量轻小的微纪录片应运而生，中国纪录片的生产与传播找到了新的立足之地。文章从微纪录片《触手可及》系列出发，以"VICE 中国"品牌为案例，通过观察研究法和文献研究法，对其品牌的发展历程、微纪录片的传播策略，进行了阐释与分析，从而探寻出在新媒体环境下中国微纪录片的传播策略。

【关键字】VICE 中国；新媒体；中国微纪录片

一、VICE——一个国际化与数字化的青年品牌

2015 年 11 月 30 日"VICE 中国"正式推出微纪录片《触手可及》时，连续三天连播三集，这部以陈冠希为主角的人物纪录片一经推出便迅速走红。短短五天，三集在优酷的累积播放量已经达到 400 万，腾讯视频 2800 万，爱奇艺 173 万，微博话题#触手可及#阅读量达 2514.1 万。这虽然不是 VICE 第一次制作纪录片，但对于"VICE 中国"来说，这是进驻两年多来最轰动的作品之一。

"VICE"最开始是一本发迹于加拿大的青年杂志，街头的态度使它受到年轻人的欢迎，并由此带出了一些代表青年文化领域先锋态度的摄影师和

编辑。2005 年 YouTube 诞生，互联网开始为视频内容提供传播环境，短片分享成为新的社交手段。VICE 紧跟变革，2006 年以视频节目进军网络平台，现在 VICE 在 YouTube 上有超过 20 个频道，其节目是 YouTube 用户观看时间最长的视频之一。VICE 逐渐确立了以视频为传播内容的核心，尤其是以电视纪录短片呈现的视频。如今，VICE 已经在 30 多个国家都建立了分站，试图用简单、直接、主观、在现场和"第一人称"的方式，向世界各地的年轻人讲述亲身经历与个人感受。

2013 年 5 月，VICE 中国分站正式上线——http：//www.vice.cn/，它立志做"一个面向中国年轻人最为鲜活、具有前瞻性和启发性的青年文化媒体平台"，"在带来世界各地 VICE 精彩内容的同时，也致力于本土青年化的创造和传播"。VICE 中国总负责人孟金辉认为："VICE（严格来说，是在新媒体环境下的 VICE）的真正独特在于它的观察角度和表达方式。VICE 不太把自己当做'权威'，不喜欢'俯视'着去'告诉'你什么东西。VICE 可以关注大家都忽略了的东西，也可以在大家都关注的东西上找到被忽略的点，重要的是把这些事情不加掩饰地、平等地还原出来，去刺激人们关注、思考和讨论。至于新的、边缘的、小众的这些特点，是为了达到"带来刺激"这个目的伴随而至的，并不是目的本身。"[1]

二、微纪录片的传播策略

《触手可及》属于"微纪录片"，一共三集，每集不超过 30 分钟，从立项到上线一共耗时 8 个月。"VICE 中国"拍摄团队跟随陈冠希 19 天，辗转美国、日本和中国，全视角地展现了陈冠希如今的日常与反思，以及及其好友、合作伙伴的侧面评价。正如片名，它给受众们呈现出陈冠希"触手可及"的生活。

VICE 的工作人员是年轻人，目标受众也是年轻人，他们仅仅依靠社交网络进行内容传播，这也是对于 VICE 而言最有效的传播渠道。《触手可及》

就是在微博、微信的分享中传播开来。微博大V"罗永浩""八卦_我实在是太CJ了""糗事大百科"等纷纷转发力挺，使这部微纪录片迅速得到关注。《触手可及》火了，"VICE中国"也火了。这种基于社交网络进行传播的微纪录片，已经成为新媒体环境下品牌营销的新生力量，相比较传统的纪录片，它们自身独有以下特点。

（一）信源明确：真实的力量

信源的可信度对传播接受效果有显著的影响，而微纪录片则以真实的人物事件提供明确可信的信息来源，受众对其传递的信息具有足够的安全感和接受度。[2] 在《触手可及》中，VICE中国有典型的室内面对面专访，也有手持摄像机跟踪拍摄，甚至是坐在副驾驶的位置，记录陈冠希一边开车一边"闲聊"的内容。网易娱乐曾经采访《触手可及》的导演Billy，问道："陈冠希要求删除哪些片段了吗？"Billy说没有，反而还帮他们校对了一下字幕。接受访问时，陈冠希也不介意提起之前发生的"艳照门事件"，更主动回应了指责和骂声。当受众看到镜头中的陈冠希依旧随性，但是多了一些反思和承担，符合了受众的期待，所以也赢得网友大赞其"真性情"和"帅到爆"。

再看VICE其他的微纪录片作品，其中不乏对王家卫、麦当娜等这些具有国际影响力的大众人物的专访，也有对边缘人的记录，如"探访亚特兰大性感舞娘"和"探访云南小人国"等，还曾经探访朝鲜多地。这些作品为VICE赢得了点击量和声誉，也是"VICE中国"能够得到信任的前提。

（二）内容主题：多元化、多层次

1958年6月1日，北京电视台播放的中国第一部电视纪录片《英雄的信阳人民》揭开了中国纪录片发展的序幕。在传统的广播电视时代，中国纪录片是一种精英文化，带有高品位和高雅艺术的光环，其内容多是值得歌颂或者传承的主题。但随着互联网时代的到来，新媒体迅猛发展，其独有的开放性、包容性，使观看纪录片、拍摄纪录片变成一种大众文化，甚至草根文化。"中国纪录片底层话语的萌芽要追溯到 20 世纪 90 年代的新纪录运动。独立纪录片作为体制内主流纪录片的补充，将被遮蔽的底层社会呈现于镜头面前，于是纪录片的内容主体由国家、民族、大江大河的集中表达向多元化、多层次的人文方向发展，下岗职工、农民和边缘人群开始出现在纪录片中，并作为一种底层形象参与时代和社会的记录。"[3]

正是在这样一个环境中，制作以陈冠希为主角，一个富有争议性的人物的纪录片，不再是一个"非主流"的决定，因为多元化多层次的内容主题是一个不可避免的纪录趋势。打开 VICE 中国在优酷的主页，点击量位居前位的是：《蛇岛》《白衣性天使——性医疗工作者》《VICE 旅游指南——朝鲜》《面会麦当娜》《我们和王家卫聊聊食物和电影》《在吉尔吉斯斯坦抢新娘》《何惠民：旺角古惑仔文身师》《探秘活体猴子实验室》等，这些纪录片内容虽然涉及各个领域，但都有一个共同点就是，这些主题是当下被热和议关注的，或者是从未被大众所察觉的。

（三）分众定位：有效传播

纪录片可以涵盖非常丰富的内容，因此其受众成分也比较复杂。尤其是在内容主题越发多元的新媒体环境下，更加讲求个性化定制。传统的大众传播是由点到面的传播信息，分众传播则是由多点到多点的传播信息，将信息更有效地送达对此感兴趣的人群。"在分众传播时代，纪录片可以巩固自己的目标受众，开发潜在不稳定受众。受众在满足需求之后，对节目产生'品牌效应'，自然演变成为品牌节目的忠诚者。不得不指出，在这一点，上网络的海量内容更容易使市场细碎化。但是新媒体具有超越时空的点播特点，一旦在受众心里构建品牌形象，相对于传统媒体就更加容易地坚持品牌忠诚度。"[4]

　　VICE 的目标受众就是青年人，因此内容涵盖新闻、音乐、旅游、体育、科技、时尚等领域，用年轻人习惯的、直白的、主观的和在现场的方式，展示这个的世界。VICE 的纪录片基本都是微纪录片，每一部片子都不超过半小时，视频轻小，内容新奇，在各大视频网站均有主页，在各大社交平台也都有官方账号，纵然没有传统媒体的支撑，也能够形成多渠道、全方位的传播结构。值得关注的是，微信朋友圈成为了分众定位的有效途径。相较于微博，朋友圈更加私密，是一个熟人社交平台，分享的信息也不容易被忽略。《触手可及》刚放送第一集时，笔者的朋友圈就有同龄人开始分享视频链接，并发表自己的主观看法。

　　可以预见的是，"VICE 中国"在推出《触手可及》之后，将开发出大量潜在受众。在海量信息聚合的时代，即使人们可以在很短的时间内浏览全球各个方面的信息，但大多数人不会也没有精力去关注所有的媒体。相反，人们常常依赖为数不多的媒体，希望它们能够替我们关注其他媒体。

（四）视频轻小：适合传播

　　在新媒体的环境下，割裂的是时间，碎片化的时间被碎片化的信息填充。加之互联网的发展和移动终端的普及，手机和平板因为便携性被受众用来消化碎片时间。微纪录片的片长一般不会超过半小时或 20 分钟，并且不受播出时段和线性播放的限制，用户可以自己选择观看时段和内容，也可以随意重复观看。

　　VICE 的视频不仅可以在官方网站上看到，也可以在大型视频网站上看到。中国内地不能够使用 Youtube，所以"VICE 中国"在推送《触手可及》时选择了优酷、爱奇艺和腾讯视频。在苹果商店，同类畅销榜中这三大 APP 占据前三，因此传播到达率很高。"VICE 中国"也不甘于长期靠其他移动视频 APP 分享视频，于是在今年 8 月，"VICE 中国"APP 在苹果商店上线。一个月后，其安卓版上线。在 APP 的首页，可以看到所有频道与分类的最新内容、编辑精选推荐，以及过去 24 小时最受欢迎的文章和视频。在阅读文章或观看视频的同时，你还可以用社交平台登录发表评论，并通过分享按钮将你想传播的内容分享到微信、朋友圈、微博和 QQ 等社交平台。这本是一次值得肯定的尝试，但是该 APP 经常出现闪退和长期加载中等问题，如果制作团队不能够及时修复这些问题，恐怕 "VICE 中国" 的美好愿景将会落空。

（五）前期宣传：提升注意力

在新媒体环境下，能吸引眼球得到关注的信息才可以从海量信息中脱颖而出。微纪录片一集的播放时间短，一个系列的播放周期也短，如果仅仅从正式推送视频开始宣传，显然是落后的。《触手可及》是 "VICE 中国" 十分重视的项目，也比较早开始做宣传，但是力度不大。

在 VICE 的官方微博中，关于这部纪录片最早的信息是在 2015 年 11 月 13 日，发布微博 "我们拍了陈冠希"，并附秒拍视频———一段 30 秒的预告。不过仅仅只有 332 条评论，1105 条转发，当然很大的原因是 "VICE 中国" 在当时知名度不高。时至《触手可及》三集放送完毕，"VICE 中国" 的微博粉丝不过才破 20 万，是陈冠希个人微博粉丝的百分之一。2015 年 11 月 25 日，纪录片第一集正式上线前一周，"VICE 中国" 发布将近 3 分钟的正式预告，这一次评论达到 29714 条，转发达到 161079 条。虽然较之前已有大幅增长，但是并未引发过多关注。总而言之，前期宣传并没有完全发力，反而是第一集正式上线后获得的高关注，为后面两集做了预告。

（六）开放交流：不断丰富

在新媒体环境之下，网络公众平台的建立无疑促进了微纪录片的发展与传播。VICE 除了官方网站、官方微博和官方公众号，在优酷和腾讯视频等视频网站也建立了相关主页，这能够有效地让创作人员与受众之间开展及时交流。受众在观看完该纪录片之后，可以通过多种渠道第一时间对该纪录片进行评价，创作人员也能够立即获知反馈。这样既调动了受众的积极性，也有利于创作人员的下一次创作。"纪录片长期处于开放式传播过程中，实际上也是实现对多样化作品兼容并包的重要方式。纪录片内容的不断丰富也可以满足观众不同的需求，更符合当前观众的审美诉求和视觉感受。"[5]

2015 年 12 月 2 日，"VICE 中国"在推送了《触手可及》最后一集之后，在其官方网站及个人微博发布文章《THE EDC CULT：熟悉的坏男孩，如何成为陈冠希，一触即发的娱乐圈》，并即时应对质疑。"有人说我们在炒作，有人说我们一下火了，还有人说看完这个就取消关注。这一切其实都在我们的意料之内。在这个系列结束之际，我们准备了这篇文章作为终结，同时也希望能够让就此对这个系列还有对我们产生好奇的人，了解一下这一切到底是怎么来的。"如此迅速的反应，正是源于当今便捷的线上交流平台。

（七）相互契合：内容主旨与品牌精神

VICE 的中文标语是："世界在下沉，我们在狂欢"。VICE 在世界各地建立分站，从个人视角出发，不说废话，不追求对错，仅仅传递真实的个人体验。比如"VICE 美国"就做过很多此类节目：扒火车横穿美国体验流浪汉的生活、去利比里亚的监狱里探访杀人无数的军阀、带着罗德曼去朝鲜和金正恩一起看篮球比赛……这些内容无一不和其品牌精神相契合，这种契合对树立品牌形象具有重要作用。

网易娱乐采访《触手可及》的导演 Billy 时，问道："这样一部以极具争议性的人物为核心的纪录片，大众的偏见、非议、粉丝的狂热、VICE 的价值观、陈冠希的对外形象输出，等等，这诸多情绪和元素的对冲如何平衡？"Billy 回答："大众的偏见和非议是背景，粉丝和网民的狂热是现实，

VICE 的价值观是我们拍纪录片的初衷，冠希的形象完全由他自己表达在故事里。VICE 只是干了一件早就该被完成的事。"[6] VICE 关注任何话题，只要它们冲动、好玩、有冲击力，能让人思考。至于里面有什么社会意义和历史影响，便都交由受众，任其仁者见仁智者见智了。

在《触手可及》之后，"VICE 中国"迅速推出最新微纪录片《长城地图》系列。《长城地图》是"VICE 中国"联手腾讯团队，跟随腾讯街景地图的工程师记录长城的现状及周边环境。趁着《触手可及》的火热，《长城地图》在腾讯视频第一集播放量突破 100 万，但随后四集播放量呈急速下滑的趋势。既要符合品牌精神又要本土化融合，这是"VICE 中国"不得不面对的一个问题。除了《触手可及》，VICE 的热门视频基本都是转发他国 VICE 的作品，"VICE 中国"需要拿出更加具有代表性和说服力的作品。

结　语

中国纪录片一直处于一个较为边缘的位置，发展历程也较为缓慢。但随着新媒体时代的到来，中国纪录片也探寻出了新的发展空间。我国作为互联网大国，网民基数大，微纪录片具有互动性、开放性、碎片化、大众化等特点，因此，微纪录片的诞生是纪录片与新媒体的完美结合，发展前景广阔。"VICE 中国"作为新一代的微纪录片制作团队，虽然代表作不多，但也正在创造更多的可能。从其身上可以看到，在新媒体的背景之下，传统纪录片的传播对象、传播形式、传播特性等方面都发生了一定的变化。

一方面，移动终端和社交网络为中国微纪录片提供了传播渠道；另一方面，这个时代的传播结构已演变成多媒体、多渠道、全方位、立体化的传播结构，新媒体对传统传播基础的撼动，以及它对个人、组织和社会的影响正在扩大。受众也被分割成一群群、一块块，细分为用户。我们应该鼓励中国微纪录片的内容主题多样化、差异化，同时善用不同媒介，掌握受众分类，培养用户习惯，树立品牌形象概念，才能达到更好的传播效果。

参考文献

[1] 36氪. 我今天和 VICE 中国聊了[EB/OL]. [2015-10-26]. http://36kr.com/p/5037781.html.

[2] 王春枝. 微纪录片:新媒体语境下内容营销的生力军[J]. 广告研究,2013(12):50.

[3] 闫伟娜. 新媒体纪录片的存在形态与审美取向[J]. 艺术百家,2015(4):228.

[4] 彭春雪. 新的传播环境与中国纪录片的品牌建设[J]. 新闻爱好者,2011(2):63.

[5] 赵涧石. 基于新媒体环境下纪录片的传播特性研究[J]. 科技传播,2015(9):15.

[6] 网易娱乐. 没提出修改也没删除什么,他还帮校对了字幕[EB/OL]. [2015-12-03]. http://ent.163.com/15/1203/12/B9TNL8BG00031H2L_3.html.

从社会热点把握专业图书的大众化趋势

坚喜斌　陈　璐

（机械工业出版社　北京印刷学院）

【摘　要】专业类图书如何在竞争日益激烈的图书市场中崭露头角，迎合大众读者的需求，利用社会热点、技术趋势、前沿新知将专业图书大众化是专业类出版社和专业类图书编辑亟待解决的问题。文章作者认为，只有深入研究所在的出版领域，实时关注该领域的最新动态，积累优秀的作者资源和推广资源，形成合理的出版机制才能在此类社会热点的出版上占住先机，打造图书出版的蓝海。

【关键字】专业图书；大众；社会热点

2015年社会热点层出不穷，如"工业4.0""中国制造2025""一带一路""互联网+""工业大数据""智能制造"等。这些社会热点在影响我们社会生活的方方面面的同时，也给图书出版行业带来了亮点，使这些专业类的图书变得炙手可热，成为了未来图书出版的蓝海。

社会热点的产生不仅和国家的方针和战略有关，而且也和当下社会发生的重大事件有关。2015年3月，国务院总理李克强在《政府工作报告》中首次提出制定"互联网+"的行动计划，之后就有《互联网+：从IT到DT》《互联网+：国家战略行动路线图》等系列图书问世。国务院于2015年

5月8日公布了强化高端制造业的国家战略规划《中国制造2025》，紧随其后就有《中国制造2025解读》《读懂中国制造2025》等图书陆续出版。随着软银、谷歌等国际巨头大力收购和涉足机器人市场的新闻频出，机器人、人工智能等热词也成为新一轮的爆点，《机器人革命》《与机器人共舞》等图书也随之成为图书市场上的亮点。

虽说把握和洞见社会热点是图书出版的新蓝海，往往可遇不可求，但也可以通过持续的关注、认真的学习和总结、敏锐的捕捉来把握。对于出版人来说，持续地关注所策划领域的最新发展动态、重大事件；通过认真学习这些搜集到的最新资料和信息，研判社会的反响和未来的发展趋势，从而总结出规律；敏锐地捕捉大量信息中的热词、关键词，以此来组织相关社会热点图书的出版。要做到这些，就需要编辑不仅能深入所策划领域的圈子中，了解行业发展的动态，获得一手的信息，而且还能有一大批由这个领域内的权威专家组成的优秀的作者资源。只有如此，才能最先洞察社会热点，组织优秀的专家进行写作，并在图书市场上第一时间抢先出版。

当然，图书市场的每个领域或多或少每年都会有一些热点，由于每位编辑的能力和眼光有限，不可能面面俱到地洞察和把握住每次机会。因此，将精力集中到某个精准的图书细分领域，通过持续不断的关注和研究才是产生高品质热点图书的可靠途径。通过把握每次所研究行业的政策导向、技术变迁和模式颠覆，力求第一时间组织国内专家撰写或者将国外的优质版权书引进到国内，从而塑造独占先机的图书细分市场的品牌。

社会热点图书一般都是反映社会、经济和技术等各方面的前沿趋势，一般来讲比较专业，但是如果能够将这些专业类图书朝着大众化的方向打造，也能突破图书领域的限制，成为图书市场的"黑马"。想要专业图书大众化，具体来说就要从内容和形式两个方面入手。内容上，要突破专业图书的固有限制，不能仅从理论上设置，而是要从反映和介绍这一趋势基础性的内容着手，从这一热点对社会、经济和生活的影响的角度切入，将除行业研究者、政策制定者等高层之外的普罗大众也纳入内容写作和结构设计当中。只有如此，专业书的内容才能大众化。形式上，书名要能体现出热点本身的趋势性，版式设计、封面设计等细节都要朝着大众书和畅销书的特点来设计，以活泼的写作风格反映专业的内容，以鲜活的形式突破传统教出和专业书的形象。

某个社会热点要产生轰动效果，在业界形成巨大的影响力，仅靠出版一本这样的热点书可能难以实现，因此，还需要在热点图书的选题设计和品牌塑造上精心打造。例如，机械工业出版社自 2014 年从德国引进了国内第一本《工业 4.0——即将来袭的第四次工业革命》，紧随其后又引进出版了《工业 4.0（实践版）：开启未来工业的新模式、新策略和新思维》，策划了本土的《工业 4.0（图解版）：通向未来工业的德国制造 2025》等图书。甄选国内外权威专家、精品内容，从国外先进技术和理念的介绍，到国内的实践落地等多维度进行图书的策划，从而保障了"工业 4.0"系列图书的品牌影响力。

为使专业图书大众化，形成有影响力的产品系列，还需要基于现有爆品、热点进行纵深两个方面的延伸和扩展，塑造这个领域的产品群。自"工业 4.0"系列图书在市场上和业界有了一定的影响力之后，机械工业出版社紧接着策划了《工业大数据：工业 4.0 时代的工业转型与价值创造》《中国制造 2025 解读》《智能制造：未来工业模式和业态的颠覆与重构》《工业互联网》等多个方面的图书，从而在新工业革命这个热点市场领域站住了脚。

捕捉热点话题、精准把握读者需求离不开对热点、热词的进一步细化和强化。只有不断地将社会热点细分，才能持续不断地满足各行各业读者的不同需求。例如，继《互联网+》系列图书出版之后，相继有《互联网+教育》《互联网+农业》等图书的上市。除此之外，还可以以这种方式策划其他各行各业的"互联网+"图书产品。"工业 4.0"图书产品也可以朝着经营管理、模式转变、人才培养等多个角度进行产品的设计和开发。

2016 年的社会热点在何处？新的一年里图书产品的爆点都有哪些？尽管这些还无法预知，但是我们可以通过提高自身的修养和各种能力，以备新的社会热点出现的时候，能够及时抓住，第一时间抢占新的细分市场，形成新的增长点。这就需要我们不断地提高以下三种能力：第一，持续不断的学习能力。只有持续不断的学习，才能先人一步预知市场和热点的变化，才能在机会来临时有敏锐的判断。第二，有相关行业的作者和专家资源的积累。巧妇难为无米之炊，即使有好的想法，但不能在第一时间推出和实现，也会与市场失之交臂。第三，有灵活和科学合理的机制以保障整个环节的顺利进行和开展。只有如此，才能应对瞬息万变的市场机遇，才能策划出满足社会需求的图书产品。

电影《心花路放》中"耿浩"人物形象分析

詹 欣

(广西大学文学院 2015 级中国古代文学研究生,南宁)

【摘　要】2014 年,国庆黄金档的"黑马"《心花路放》一经播出,就成为当年国产片票房冠军,《心花路放》也因此成为社会热门话题。除了因为观众喜欢黄渤,电影中其饰演的"耿浩"也颇受大众欢迎。文章以瑞士心理学家荣格的原型理论为视角,认为"耿浩"兼具了阿尼玛(代表男性期待)与阿尼姆斯(女性期待)于一身,混集了男性心目中女性化的软弱与女性心目中男性痴情的担当,从而满足了大众的集体无意识。而从姚斯的接受美学期待视阈理论来看,事实上,黄渤所饰演的主人公"耿浩"是大众期待心理的折射。作为失败者的"耿浩"也就是社会普通大众,"耿浩"的受欢迎正是受挫的普通大众关注其自身命运的产物。转型期的阵痛在继续,社会大众会一如既往地关注底层小人物及其命运,而"耿浩"恰恰是底层小人物的一个缩影,是普通社会大众的原型,是社会的投射。

【关键字】《心花路放》;"耿浩";期待视阈;原型

《心花路放》于 2014 年 9 月 30 日在全国正式公映,首日票房累计 1.35 亿元。仅用 6 天时间便刷新国庆档单片最高票房新纪录,创造华语电影首周票房的最高纪录。在北美市场，《心花路放》自 2014 年 10 月 3 日上映始，仅周六（2014 年 10 月 4 日）的单日票房就高达 8 万 5 千元美元。作为 2014 年国庆黄金档的"一匹黑马"，截至 2014 年 10 月 19 日，国家新闻出版广电总局电影资金办的数据显示，《心花路放》票房已达近 11 亿元，超过《西游记之大闹天宫》的 10.46 亿元，成为 2014 年国产片票房冠军，《心花路放》也因此一跃成为当年的热门话题。实际上，除去宣传发行费用，《心花路放》的制作成本只有 3500 万元，因此其投资收益比高达 1∶33。那么，《心花路放》为什么会在众多影片中脱颖而出成为票房冠军？应该说，黄渤所饰演的耿浩是其中的一个关键因素。而观众除了喜欢演员黄渤，电影中其所饰演的"耿浩"一角也颇受大众欢迎。那么，大众为什么有这样的观影偏好？可以说，"耿浩"这一角色是社会普通大众社会生活集体无意识的反映，转型期出现的底层群体是"耿浩"的生活原型，而银幕上的耿浩形象满足了社会大众的期待视阈，其遭遇与命运引发了相应的共鸣，使大众的审美需要得到了满足。这既是本文研究的缘起，同时也是本研究试图要回答的问题。

一、"失败者"的情伤治疗：电影剧情及主人公"耿浩"

电影《心花路放》是由宁浩导演，岳小军、邢爱娜、孙小杭、董润年、章笛沙、张艺凡编剧的一部具有宁氏黑色幽默风格的喜剧电影。关于《心花路放》的主题，主演黄渤在采访中曾一再表示："简单讲这是一个一路泡妞的故事，但这个戏可以说是成长型的，也可以算是一个治愈戏。一路在纠正，一路在成长，一路在治愈。"[1]

作为一部典型的公路喜剧，《心花路放》讲述郝义（徐峥饰）为了让好基友耿浩（黄渤饰）早日走出离婚的阴影，俩人展开了 3000 公里的自驾

---

[1] 刘洋.黄渤遭受双重"虐待"《心花路放》9 月 30 日上映 [EB/OL].［2014-08-13］. http://culture.people.com.cn/n/2014/0813/c22219-25457608.html.

游，一路上与各色女子展开"玩命"的"邂逅"。正如郝义出发前给自己及耿浩都准备了避孕套，也正如影片借耿浩之口说出来的那样，这是一场"交配之旅"。在当下时空的叙事中，郝义打着"为好友耿浩进行情感疗伤"的旗号，影片堂而皇之地呈现两位男性与"阿凡达""杀马特""都市白领""东北小姐"的感情纠葛。影片中最为有趣的一段是，耿浩在被杀马特前男友堵门口的时候，原本"理亏"的耿浩因为杀马特一句"我就是喜欢小三"触景生情，他反过来教训杀马特前男友，又一次道出其情伤，也是公路旅程上一次心灵的成长和治愈。

黄渤所饰演的主人公"耿浩"，在片里既让人看到了笑点，也让人看到了泪点。"影片的喜剧效果主要建立在耿浩这个被郝义不停唤作'Loser'（对美国类型电影文化的鲜明回应）的失败者，如何更加倒霉、更加失败、更加无可奈何。"①

二、"原型理论"与转型期的中国背景：小人物的现实与影像

（一）底层镜像：转型期社会的现实困惑

自改革开放以来，在三十多年的变迁过程中，中国经济得到了飞速的发展，社会结构也发生了深刻而广泛的变迁，而这变迁恰恰是当下社会转型期的主要特征。正如罗峰和文军在《转型期中国的底层群体研究》一文中所说："社会转型在给中国的社会结构带来多方位、多层次、多向度的变化中，影响最大的莫过于形成一个独特的底层群体，其人数迅速扩大，许多人的生活日趋相对或绝对贫困化，甚至面临着发展成为一个底层社会的危险。"①应该说，"底层"与弱势、下层或边缘都是对于同一社会结构中某一社会群体的不同角度的描述，但"底层"更强调社会群体被甩出社会结

---

① 刘洋，宁浩."黄金时代"——评"中国式"公路电影《心花路放》[J]. 当代电影,2014(11).

构的状态，以及由于转型而导致其与主流经济社会组织相断裂的特征。因此，失地的贫困农民、进入城市的农民工、城市中的下岗工人、城市中无固定工作或住所的群体，甚至大学生"蚁族"都成为底层社会的重要组成部分。

规模如此庞大的底层群体，已经成为转型期中国的社会现实和不得不予以重视的社会结构性问题。居留农村的农民看不到摆脱贫困的前景，以城市国企下岗职工为代表的城市底层，由于经济状况的急剧下滑则相对剥夺感严重而底层认同感更为强烈。文化程度相对较高、价值趋向开始多元、自我期望值高、利益诉求强烈、具有向上的渴望，但"梦想照不进现实"，残酷严峻的客观现实使得这一特定底层群体面临重重障碍，一时无法看到向上流动的空间。

总体来看，庞大的底层群体是转型期中国的客观现实，而底层群体的相对剥夺感正是电影《心花路放》主人公耿浩的具象化投射。它是一种集体情绪，从而引发了观众观影时的强烈认同感。也正因为如此，才引发了这股《心花路放》的观影热潮。庞大的底层群体还为电影提供了必备的观众群，正是他们成为电影消费的主力军。而辐射到的其他观众群则是自身的相对剥夺感对于底层认同的触动，也就是说，这一部分人未必贫困、未必处于社会底层，但他们在转型期社会中同样遭遇了"瓶颈"，同样感受到了挫折。因此，他们对于底层的认同就更为强烈。

（二）"刚强与阴柔"："原型理论"观照下的"耿浩"人物形象

集体无意识，是瑞士心理分析学家卡尔·荣格的分析心理学中最重要的基本假设，它贯穿荣格的全部理论。荣格将无意识分为两个层次：个人无意识及集体无意识。在荣格看来，原型是构成集体无意识的最重要的内容，"个人无意识的内容主要由带感情色彩的情绪所组成，它们构成心理生活中个人和私人的一面。而集体无意识的内容则是所说的原型"。

"荣格的原型象征是原型的外部表现，在荣格的著作《心理学及炼金术》中多次对曼荼罗这一主题进行案例讨论。曼荼罗的观心力量能够帮助消解意识的矛盾，实现解脱。可以说，曼荼罗是世人追求的至高精神境界。"阿尼玛和阿尼姆斯原型便是荣格人格组合中最为重要的原型之一。"阿尼玛"是一个男人无意识中理想女性形象的人格化身，与之相对的"阿尼姆斯"则是一个女人无意识中理想男人形象的人格化身。荣格所说的"男性身上伏居的女性形象"就是"阿尼玛"，"女性身上伏居的男性形象"就是"阿尼姆斯"。

通常情况下，女性的性别特征是软弱、细腻、敏感、情绪化及歇斯底里，需要保护，需要关心；男性的性别特征则是坚强、勇敢、粗犷、理智及担当。这虽然有刻板印象的心理在内，但不可否认，通俗文化及一般大众需要的正是可以被理解、被接受、被认同的刻板印象，因为对于男性或女性刻板印象的利用好处在于容易被辨认。

因而，"耿浩"便集阿尼玛（代表男性期待）与阿尼姆斯（女性期待）于一身。影片中，耿浩对自己信仰和职业的不坚定促使其婚姻的失败，在被离婚后，陷入了一蹶不振中，即便是在好友特意安排的"交配之旅"中，也把自己的怨气牢骚都发泄在郝义、阿凡达女孩、杀马特男友身上，其表现出的软弱、敏感、情绪化，正是男性心目中女性化的阿尼玛形象。与此同时，影片一开始，耿浩就想出了一个共同灭亡的办法——谋杀"小三"。这样情绪化的不理智的做法，使其"阿尼玛"的形象一开始就嵌入观众的印象之中。在旅行中，耿浩在面对种种情感挫折，一次次伤心回忆后，心灵在旅途中得到沉淀、成长，学会了接受现实，勇敢面对生活，并重拾了自己的旧梦——开了家音响店。再到后来，在耿浩重游大理故地时，当看到小店老板放出侮辱康小雨的视频，他对着小店的老板说："即使这婚姻是失败的，但它也是我生活的一部分。否定了它，就是否定了我自己。"这样的痴情和担当的表现，耿浩完成了从阿尼玛到阿尼姆斯的蜕变，丰满了女性心目中的阿尼姆斯形象。耿浩的形象塑造，混集了男性心目中女性化的软弱与女性心目中痴情的担当，从而满足了大众的集体无意识。

（三）作为兼具阴柔与刚强双面性的"耿浩"人物原型的意义

集体无意识的内容，即原型。导演宁浩为主人公起的名字——耿浩，就反映了其耿直的性格，说白了就是较劲。爱别离、怨憎会、求不得，他在经历了婚姻的背叛之后，赌气一般地来了场"交配之旅"，可旅途上种种糟心的"猎艳"接二连三，使之不得不再次承认自己是个 Loser。唯一值得庆幸的是，主人公最终直面了自己生活的阴影。影片中的耿浩，仅仅是一个无名、过气的小歌手。他为了生存，为了现实，他不得不放弃了自己的歌手之梦，改行做小本生意。而因为自己的一首歌曲，康小雨闯进了他的生活。可最后同样是现实，使得文艺咖也追寻自己想要的物质生活，而放弃了当初自己的爱情。

在电影《心花路放》中，黄渤饰演的"耿浩"和徐峥饰演的"郝义"既是一路同行的好朋友，也是象征性别差异的"原型"典型例证。事实上，"郝义"正是作为"耿浩"的对立物或映照，即真正的男性而出现的。耿浩事业上不成功，是一个弃歌从商、弃文从武的不得志的小人物，但也正是由于耿浩自身对于信仰和职业的不坚定而导致了他事业的失败和他妻子的离去。[①] 这正是耿浩本身的弱点，也是男性眼中女性的通病，即荣格原型理论中的"阿尼玛"情结。而到最后，耿浩为试探郝义是否还愿意留在他身边，竟然假装濒死状态要郝义说出"我爱你"。这虽然只是电影中一个搞笑的片段，但也从一个微小的侧面证明了耿浩的"女性化"特质。不过，耿浩最终的勇敢和正视自己、直面现实，不仅完成了他对于爱情的救赎，也完成了他对于男性特质的救赎，证明了自己的勇于担当和男性责任，也完成了他对于男性期待视阈的充分想象。总之，耿浩这一人物形象，代表了

---

① 王一川. 中国电影美学新样态及其挑战[J]. 当代电影,2014(12).

社会广泛的小人物，他代表了他们社会地位的卑微，性格的弱点与缺陷，以及面对现实时的无奈与困惑。

三、情感互动：电影《心花路放》主人公"耿浩"的审美意义

情感互动是指作为电影中的主人公耿浩和现实生活中的底层民众之间的一种互动关系，彼此参照、互为解释，从而形成一种共谋关系，对于观影的受众提供一种心理上的治疗，并获得票房大卖。

（一）受众期待视阈下的"耿浩"

1967 年，姚斯在其题为《文学史作为向文学理论的挑战》的演说中，全面提出了接受美学的基本思想和理论构架，确立了以读者为中心的接受美学理论。进一步来说，所谓"'期待视野'就是当读者面对文本时，调动自己的经验并产生的思维定向及其他所希望的文本对他的满足。""视野融合，则是指接受者的期待视野与文本或生活实践视野的交融和相互影响。文学以其虚构的特性向人们展示了生活期待视野中所不存在的新的视野，读者在两者的交融中拓展生活期待视野，并以此作为自己的生活目标来改变生活。而生活现实的改变又一次为文本的改变创造条件。于是，在生活期待视野与文学期待视野的交替影响中，文学与一般历史紧密地联系了起来。"

具体到电影《心花路放》视野融合，表现得更为突出。一方面，作为流行文化代表的电影，考虑的是市场，考虑的是票房收入，吸引最大多数的受众就成为衡量一部电影是否成功的标志。在这个意义上说，如何取悦大众就成为电影导演首先必须重视的问题。文学作品的以读者为中心，放在电影的语境下，就是必须以观众为中心。另一方面，普通大众的生活体验和对于生活的向往与希望，则既是电影所必须表现的内容，也是大众心

理潜意识的折射。电影主人公"耿浩"的喜怒哀乐激发了大众相同或相似的情感，而"耿浩"从阴影中最终走出，实现自我完成和自我提升则满足了观众对于小人物的同情体验。应该说，《心花路放》这类喜剧片中有的只是平常人的平常事，连场景都与现实生活如出一辙。它虽少了几分欧美大片的视觉刺激，却因蕴含着丰富的文化内涵而具备着无与伦比的真实美感。毫无疑问，正是对于小人物的关注触发了观众和电影业界的兴奋点。"耿浩"的底层生活现状，其引发的笑点、泪点更切合受众的期待视阈。"耿浩"在面临生活困境被离婚时，总有一种卑微无助的内质。然而喜剧电影不同于其他类型的电影，不会让观众从头至尾都沉浸在无尽的怜悯与同情之中。基于喜剧的格调，耿浩在一场旅行后重拾了令人欣慰的幸运与乐观，这种喜剧色彩更是对人们审美心理的一种抚慰，也满足了中国人倾向喜庆大团圆结局的心理期待。也就是说，正是大众的期待视阈，即市场造成了《心花路放》的生产与流行，在现实生活中受挫的大众（包括生活上和工作中的挫折）得到了一次情感上的宣泄、共鸣与抚慰，这也正是媒介传播学者麦克卢汉所说的"'媒介即按摩'。电视、电影、书籍或印刷品并不意味着生产出来就能成功传递、传播信息。媒介是大众时代，而不仅仅是信息，媒介起的更重要的作用是像按摩女郎按摩大众的肌肉一样，使得大众愉悦，使得大众得到满足，并最终让大众获得审美体验。"

（二）消极的反抗性："耿浩"作为电影小人物的独特形象意义

　　耿浩既是底层小人物的原型，又具有新时代小人物的"屌丝特质"，是近期最具代表性的新兴小人物，在中国银幕上不断塑造的小人物群像里不仅具有时代特色，而且具有标本价值。自"2006 年宁浩执导的《疯狂的石头》开创了一种冷幽默电影浪潮，随后有他自己的《疯狂的赛车》《黄金大劫案》《无人区》等联翩而至。这些影片共同透过普通小人物的边缘化活法，实现了一种底层生存价值的自明式呈现及其反讽效果，给影坛吹来一缕新风。"

纵观宁浩电影中的小人物形象，其关注点都在反映底层小人物及他们生活的世界。如在电影《黄金大劫案》的开篇，主人公小东北就冒充"救国会"讹诈神父钱财，是趁着乱世"捞一把"的"街溜子党"。他后来误打误撞参与"救国会"也仅仅是为了从八吨黄金中分得一杯羹。电影《无人区》中的潘肖一出场更是一个自私自利，为了钱财不惜背弃律师道义的小人。电影《疯狂的石头》围绕着偷盗"翡翠"展开，正是在财富的诱惑下，以道哥为首的本地盗窃团伙、国际大盗麦克、建筑开发商冯董等轮番登场，各显神通。电影《疯狂的赛车》呈现在金钱逻辑支配下的造假售假、坑蒙拐骗、毒品交易和雇凶杀人等不法行为。如果说宁浩的早期喜剧侧重对包括小偷、奸商、毒贩等在内的非常态主人公财富的过分追求，新作《心花路放》则聚焦于边缘文艺群体（这里姑且把负责运送道具的"制片人"郝义、过气歌手耿浩看作"文艺工作者"），渲染这一特殊群体的"情色"生活。

（三）共谋与治疗：小人物与现代社会生活的探讨

"从心理学的角度而言，最著名且应用最广泛的两个投射测验是罗夏墨迹测验和主题统觉测验。……主题统觉测验的理论基础与罗夏测验相同，即认为人的行为由无意识力量驱动。这一测验理论基础的一部分就是'大量的文学创作是作者自身经历或幻想在意识或潜意识中的表现'。"[①]

对于电影而言，电影创作与一般的文学创作存在着巨大的不同。一般的文学创作如诗歌、小说、戏剧大多有作家自己经历的影子，也多取材于作家自己的生活体验，就是想象，也很可能是自由的想象。在这个意义上讲，文学创作的多是作品，是作者灵魂自由翱翔的产物，是一种精神产品。但电影创作与拍摄却是现代工业化制造的产物，是作为文化工业的流水线

---

① ［美］罗杰·霍克.改变心理学的40项研究［M］.白学军，等译.北京：人民邮电出版社，2013：318.

产品，是一种流行的大众文化，因而严格来说电影创作不算创作，而是制作、制造或生产。电影是市场的产物，是市场或大众集体制作的一种商品。但无论在观众观看电影过程中还是在阅读体验过程中，产品或作品本身具有不变的特性，变化的只是观众或读者的心态。具体到观影体验中，观众所看到的只是自己的影子。"耿浩"的烦恼，是社会底层民众的烦恼；"耿浩"的喜悦，是社会大众的喜悦；"耿浩"的不幸，是社会普通大众的不幸；"耿浩"的遭遇，也是社会大众集体的遭遇。每个人都能从中看到自己的影子，因为"耿浩"，就是我们自己，就是我们身边的每个人。我们所看到的，其实就是我们自己和我们自己的命运。另一方面，观看电影中的小人物也可以让观众轻易得到一种自我认同的心理体验，小人物的社会背景与生活经历与普通大众极为相似，从小人物的身上总是或多或少地可以找到自己的影子，不知不觉地把自己与剧中人物联系在一起，共同感受人物的喜怒哀乐，共同分享人物的荣誉与成功。影片给了受众一种虚拟化的梦想实现的过程，观影的过程同样也是自我实现的过程。除此之外，国产喜剧电影中小人物的表现能带给观众一种优越感，从而实现了精神的肯定与道德的进一步净化。在这里，电影的主流文化功能得到一定程度的消解，电影本身所具备的造梦功能与娱乐功能也同时得到了进一步的开拓与发扬。小人物的内心世界与现实生活被更加真实而戏剧化地搬上了荧屏，观众在观影期间充分享受到了来自于喜剧电影轻松愉悦的魅力。

结　语

作为电影《心花路放》主人公的耿浩，无疑是转型期中国社会小人物的代表。这一类"小人物"意义上的小，不仅仅是指他们身处社会的底层，更重要的是这类小人物有性格上的弱点与缺陷，有喜怒哀乐，有失败与困惑。他们是普通人物，是挣扎于社会边缘的正常途径、听不到声音沉默的大多数。电影是大众文化的代表，而社会生活中底层人物能作为电影的主角并受到欢迎,充分证明"耿浩"是社会集体想象的产物,反映了社会的集体共鸣与认同,并且也满足了大众的期待视阈,是大众、市场和资本合谋的产物。"耿浩"是社会转型期受挫的普通大众的化身,而电影《心花路放》正是在这样一种互动环境下得到大众的欢迎。转型期延续,这一小人物的喜怒哀乐、遭遇及不幸就必然会继续得到关注,因为电影中小人物的命运,是社会大众自身的关照。"老吾老以及人之老,幼吾幼以及人之幼","耿浩"就是社会底层挣扎于生活的大众。

参考文献

[1] 方建中.论姚斯的接受美学思想[J].求索,2004(5).

[2] 顾梅,杨永春.曼荼罗之旅——帕特里克·怀特小说中人物性意向的含混及超越[J].安徽文学,2013(2).

[3] 解建峰,林进桃.论宁浩喜剧电影的欲望叙事——兼谈当下国产喜剧片核心价值的建构[J].当代电影,2014(12).

[4] 罗峰,文军.转型期中国的底层群体研究[J].社会科学研究,2014(2).

[5] 梁颐.《心花路放》:二位"作者"电影风格的双重奏[J].电影文学,2014(24).

[6] [美] 乔治·莫利斯.从容面对媒体——让你的媒体亮相尽善尽美[M].宋华勋,宋华稹,岳岩,译.北京:中国轻工业出版社,2005.

[7] [瑞士]荣格.心理学与文学[M].冯川,苏克,译.北京:生活·读书·新知三联书店,1987.

[8] 王慧.《心花路放》:宁式黑色幽默在路上[J].视听解读,2015(1).

[9] 王瑾.互文性:名著改写的后现代文本策略——《大话西游》再思考[J].中国比较文学,2004(2).

[10] 徐福.《心花路放》:关于爱情的唯一真相[J].电影世界,2014(1).

[11] 姚睿.《心花路放》:公路、喜剧与丝叙事[J].电影批评,2014(6).

[12] 于忠民.荒诞性审美与当代中国电影美学——评宁浩新片《心花路放》[J].当代电影,2014(11).

[13] 中国门户网站.世行报告:全球12亿贫困人口13%生活在中国[EB/OL].[2014-04-

1]. http://cn.chinagate.cn/worldbank/2014-04/11/content_32068774.htm.

[14] Jauss, Hans Robert. Toward an Aesthetic of Reception[M]. Translated by Timothy Bahti. Minneapolis: University of Minnesota Press, 1982.

[15] James Scott. Weapons of the Weak: Everyday Forms of Peasant Resistance[M]. New Haven: Yale University Press, 1985.

媒体报道中关于"被拐女教师事件"的逻辑谬误

龙 艺

（北京印刷学院，北京　102600）

【摘　要】《燕赵都市报》一则两年前的关于被拐乡村女教师的旧闻引发了巨大的关注和社会舆论。两年前，对于这一事件的报道引发了读者大量的质疑。文章出于对这一现象的思考，通过分析"郜艳敏事件"的主要媒体《燕赵都市报》对这一事件所作的报道内容，结合相关文献研究，对这一矛盾现象形成的原因进行探究，以分析媒体报道中对"郜艳敏事件"的逻辑谬误。

【关键字】被拐女教师；媒体报道；逻辑谬误；受众反响

一、研究背景与意义

2015 年 7 月 28 日，一则来自《燕赵都市报》两年前的旧闻《最美乡村教师候选郜艳敏：被拐女成为山村女教师》被扒出，引发网友集体关注。两年前的这则新闻报道淡化处理了郜艳敏的被拐经历，凸显她"因为一份本能的大爱"担任乡村教师的主题，成为此次舆论争议的焦点。网友纷纷质疑该文将"一宗犯罪的丑闻变成了感动中国的正能量"，一时引发了大量的网络舆论。围绕事件主角郜艳敏，新浪微博话题标签"被拐女成乡村教师"成为热搜词汇，短短几日内阅读量达到了 2316 万。在巨大的关注度背后，与事件本身所涉及的拐卖、家暴、乡村教育等大量敏感话题有关。

　　事实上，这并不是郜艳敏第一次登上媒介的议程设置。早在 2006 年 5 月 21 日，河北《燕赵都市报》的记者祁胜勇第一次在题为《被拐女子曲阳书写园丁传奇》的文章中就对郜艳敏进行了报道。在随后的一年内，中央电视台《半边天》栏目、上海东方卫视、凤凰卫视、《南风窗》《大河报》等多家媒体聚焦曲阳，对郜艳敏的事迹进行采访报道。2006 年 12 月 25 日，在由《燕赵都市报》首次倡导的"感动河北十大年度人物"评选中，郜艳敏入选。当时她的颁奖词是："因为那些面临辍学的孩子们期待的眼神，她留在了带给她屈辱和苦难的贫穷山村。从被拐女到深受尊重的女教师，她用爱心和奉献将不幸的人生演绎为传奇。"这次评选为她树立了一个具有牺牲和奉献精神的正面典型形象。

　　不同于 2006 年"一边倒"的赞扬和歌颂，时隔九年，这样的一则旧闻再次引发了人们巨大的关注，但其舆论重点却是在于对媒体当年报道逻辑和舆论导向的批评与质疑。仔细阅读这篇报道，不难发现它存在一个矛盾点："被拐女"与"山村女教师"两个角色之间存在冲突。作者究竟是想赞美山村女教师郜艳敏，还是想揭示"被拐女"的离奇身世？又或是想揭示"最美乡村教师候选"的评选标准之奇特？即便只是浏览新闻标题，就能发现作为正向传播的"最美乡村教师候选"中存在的内在逻辑漏洞。

　　同时，因媒体的话语引导失当、有关政府的责任缺失、当地村民的纵容漠视，造成"本该上《今日说法》的故事却上了《感动中国》"的这种戏剧性反差，更加耐人寻味。出于对这一矛盾现象的思考，通过分析郜艳敏事件的主要媒体《燕赵都市报》对这一事件所作的报道内容，本文结合相关文献研究，对这一矛盾现象形成的原因进行探究，以分析媒体报道中对"郜艳敏事件"的逻辑谬误。

二、报道中存在的问题

1. 报道逻辑性缺乏

陈波（2000年）在《逻辑哲学导论》一书中曾指出，关于逻辑，传统的说法是"逻辑是关于思维的形式结构及其规律的科学"。按现代较流行的说法是"逻辑是关于推理形式的有效性的科学"。[1]由于正确思维的规律和有效论证是一致的，因此现代的逻辑概念与传统的逻辑概念并不矛盾。显然，现代逻辑更强调其推理的有效性。

在这里，逻辑应用到新闻报道方面，就是对记者运用逻辑思维规律对事实进行认识、判断和推理，以便选择事实报道事实，使新闻报道更具客观性[2]；同时，在新闻选择、报道事实的逻辑方面显示其有效性，或者说让受众得出结论的有效性。换言之，新闻报道在选择事实、传播事实时，不能随着"主观意志"去选择事实，去扭曲事实。只有尊重事实和事实发展的内在规律，并以此来选择事实、传播事实信息时，这种新闻报道才具有客观科学性。这也就是我们所说新闻客观报道的逻辑性。

对于"有争议、有纠纷的事件报道"，一些学者还呼吁，尽可能多方面和立体地看待事实，利用现代逻辑的原理，去对事实进行认识、判断、推理性地分析，并科学地对事实进行选择与报道，让受众从中得出科学的"结论"，体现坚持客观性原则事实，使传播文本所反映的事实和事实之间联系更符合其内在规律，其结论更具必然性；或者说使报道更具可靠性、有效性，使客观报道更具有逻辑力量。

而反观以《燕赵都市报》为代表的一系列媒体当时对"郜艳敏事件"的报道，不难发现，其报道主题多以"感动"为主，宣扬郜艳敏以德报怨，坚守山村教师岗位的大爱，削弱了其被拐的背景和作为"受害者"的角色，把一个综合了法律问题、社会责任问题、女权问题的复杂事件进行了简化处理，使得该事件背后的社会意义被大大地削弱了。

表　《燕赵都市报》关于"郜艳敏事件"的部分文章标题及其主旨

标题	主旨	情感色彩
《郜艳敏：深山代课十几年以苦为乐》	郜艳敏的"大爱事迹"	歌颂
《被拐女子曲阳书写园丁传奇》	郜艳敏的"人生传奇"	呼吁（社会资助）
《被拐女教师引发政府救助工程》	社会各界对下岸村的关怀	温情
《太行深处有所"微型小学"》	下岸村艰苦的条件	悲情
《郜艳敏：依然坚守着山村小学》	郜艳敏的孝顺、尽责和社会对其关注	感动
《一朵悲喜绽放的山花》	郜艳敏以德报怨的"人性大美"	歌颂

2. 报道角度不当

　　什么是新闻报道角度呢？《简明新闻学》中是这样解释的：新闻角度是新闻采写者在挖掘和表现新闻事实时的着眼点，即从哪里入手来表述新闻事实。也可以说，新闻角度就是新闻采写的突破口或切入点。

　　新闻事实本身的多义性决定了不同记者针对同一事实可以（事实上常常会）从不同角度来进行报道。而针对特定事实，如果选择了某一不恰当的报道角度必然会导致新闻文本客观性的缺失，或者说会直接导致新闻文本明显的主观性特征。显然，记者应尽力避免不当报道角度导致的主观性以确保新闻文本的客观性[3]。

　　以公众号"@新媒体女性为首的若干媒体"对2006年关于郜艳敏的一系列报道所选择的报道角度提出了以下四点质疑。

　　（1）忽视拐卖妇、女儿童背后的政府不力和性别不平等的根源。

　　（2）没有探讨偏远农村地区的教育状况。

　　（3）没有报道郜艳敏曾经试图自杀的经历。

　　（4）没有揭露郜艳敏曾遭受过家庭暴力的事实。

　　由上表可以看出，对于"郜艳敏事件"，媒体报道多选择了郜艳敏对下岸村山村小学的奉献和牺牲这一角度，以肯定郜艳敏道德上的"崇高"，从而打动受众，寻求情感共鸣。

然而事实上，从是非和道德角度所做报道很容易偏离客观性。有时新闻记者不把报道新闻事件本身看作目的，而是把它作为自己发表对该事件评议的出发点。这也就是说，记者是以是非裁判、道德评议者的身份，从是非和道德角度来报道某一事实的。这一类报道必然要偏离客观性。

3. 价值观的偏离和人文情怀的缺失

新闻报道往往凸显媒体的价值观。回溯整个新闻事件，通过对其背后的舆情分析与解读，不难发现问题在于价值观的偏离。当编辑以令人匪夷所思的逻辑报道"被拐女"郜艳敏成为一名"山村女教师"时，为什么对郜艳敏的经历轻描淡写、一笔带过？究其原因，主要在于媒体一味地宣扬以德报怨、牺牲自己、奉献社会的价值观，而缺失一种人文关怀，一种对于个体的价值和尊严的尊重。对处于灾难中的受害者，新闻报道应关注个体的生存状态和社会权益。而"郜艳敏事件"的报道引发争议，原因也在于这种人文关怀的缺失：媒体记者轻描淡写地描述当事人所经受的苦难，无视当事人的尊严，并将一个需要拯救的受害者塑造成了拯救他人的奉献者形象，使得舆论导向方面也出现了偏差。

事实上，人文关怀的报道视角，也符合马斯洛需求层次理论中的层级递进关系。个体需求呈现出从低到高的层次划分，分别为生理需求、安全需求、归属与爱的需求、尊重需求和自我实现需求。一般来说，只有低层次的需求得到满足，个体才会追求高层次的需求。新闻的人文关怀倾向，其实指向了个体前三方面的基本需求，强调了"人"的基本属性。在被争议的报道中，郜艳敏在"安全需求"（被拐、家暴）尚未解决的情况下，片面拔高"自我实现需求"（教育奉献精神），确实是有悖基本人文精神的。

4. 典型报道"拔高"造成失实

关于"郜艳敏事件"的报道大部分是将主人公作为正面典型进行宣传报道的，而这类报道最易出现为了达到宣传目的而导致的新闻失实。

　　蒋亚平、官健文、林荣强在《新闻失实论》一书中指出，典型报道中最易出现的一个问题是"实用主义"，即在宣传介绍典型时，不是从某个人和某个单位的实际情况出发，不尊重新闻本身的规律，而是按照政治形势、宣传工作和上级意图的需要来报道，从而失去了客观的准则[4]。这使得新闻报道出现失实、拔高和片面性的问题。

　　这类"拔高"和美化造成的新闻失实，折射出的是媒体甚至是全社会的一种深厚的民族文化心理。传统文化中的"中庸之道"在人们思想中根深蒂固，一些记者也不可避免地将这些思想带入采访写作中。长期下去，会形成固定的思维框架，大篇幅描写典型事迹，而对问题采取轻描淡写一笔带过甚至从根本上回避的处理方式[5]。而这种"中庸"的价值观并不适用于所有的行为和情感状态，比如，"拐卖"从名称上就意味着邪恶，因为其恶劣本质而必须受到谴责。

　　在互联网时代，中国网民很情绪化，较高的知识水平和媒介素养决定了他们关心时事、有自己的独立观点、有强烈的参与愿望，并且有强烈的表达自己的冲动，尤其是对社会上不公平的现象深恶痛绝，因此，在针对遭遇不公平待遇的弱势群体进行报道时，如果有意地忽视问题，试图通过正面角度的赞扬、歌颂、褒奖掩盖矛盾，可能适得其反，引发受众反感。这无疑将严重影响新闻事业的舆论导向功能。

　　同时，这一事件还体现了网民关注点从"被感动"转变为"要质疑"，反映出社交网络时代传播伦理更加关注弱势群体，注重以人为本，既关注个人利益需求，又重视保障社会公平正义的趋势。

三、社会反响前后迥异的原因

　　与2006年的报道不同的是，当"郜艳敏事件"再次进入人们视野的时候，由此而引发的社会舆论都是以一种批判的眼光和视角来审视和思考这一事件的。之后的澎湃新闻的文章《被拐女成"最美乡村教师"，一个悲剧如何能提炼出感动》总结了人们关注点的变化。当时媒体的关注点在于"被拐卖依然以德报怨的奉献精神",而今天的人们则开始反思这种病态的自我奉献是否值得表彰。

同一则新闻,在相隔十年间,媒体的报道框架及引发的社会反响千差万别。这其中有新闻报道宣传方式上的进步,也有人口贩卖问题被屡次提上公众议事日程的缘故,此外还包括新兴传播方式使得观点流通更自由便捷[6]。

1. 新型思维方式影响下,传统宣传方式不被认可

腾讯评论认为,"歌颂苦难,已经不再是一种被认可的宣传方式。以歌颂苦难来树典型方式,已经不再被主流价值观接受。"以往,每当天灾人祸等重大灾难性事件发生时,媒体倾向于"报喜不报忧",将报道着力点对准领导的"亲临指挥",以"舍己为人"的英雄典型弘扬社会正气。"道德至善"处于新闻报道中的制高点,个体私欲被搁置一旁,而苦难也被视为磨砺个人品性的"试金石"。

如今,受新媒体传播方式及伴随网络成长起来的受众新型思维方式的影响,"高大全"的人物报道、"众志成城"的灾难报道已经很难满足多元化的受众需求。相反,还原普通人"七情六欲"的立体化报道更加真实,小人物的"大感动"往往更催人泪下。旨在披露更多细节、追究新闻背后故事的调查性报道更加珍贵,直面问题的危机处理方式也远胜"美化"报道。"郜艳敏事件"也正体现了两种宣传思维方式的碰撞,这一事件所引发的广泛讨论正是社会进步的体现。

2. 公众对人口贩卖前所未有的关注度

近两年,对人口贩卖的关注度达到新高度。2014年,赵薇、黄渤等主演了"打拐题材"的催泪电影《亲爱的》;2015年,刘德华、井柏然等主演了"寻子"电影《失孤》。这两部电影均由真实故事改编而来,上映后均广受好评,"人口贩卖"题材再度引发热议。2015年6月17日,"支持人贩

子一律死刑"的文章刷爆朋友圈，"是妈妈就转"的语句瞬间点燃众多"妈妈"的情绪。暂且勿论事件本身的营销性质，仅话题本身所引发的人贩量刑问题的讨论深度就已经达到新的层面。律师、法学专家、法院和"打拐办"等部门工作人员都对此问题发表看法，并在"当前对买方处罚偏轻"问题上基本达成共识。

在这样的社会背景下，"被拐女"的个人悲惨经历被刻画成包容的"圣母"形象被大众消费，而作为罪魁祸首的人贩和买家却并未受到严惩，必然引起网友的集体反感。

3. 网络传播方式助力个体发声

如果说集合了众多噱头的"'被拐女'事件"在以往未受到公众质疑，貌似有些不合情理。有媒体报道显示，包括《南风窗》等媒体都曾介入报道当地的贩卖妇女现象，但是似乎这些报道影响不大，否则无法解释饱受质疑的"被拐女"一转身成为"感动河北"的代表。

结　语

一个可解释的重要原因在于，近几年兴起的以微博、微信为代表的新媒体传播工具，在极大地促进信息传播的同时，也实现了不同观点的聚合和扩散，来自不同阶层的质疑声更容易被公众捕捉到。以微博为例，个体将观点映射在私人场域，借助微博的嵌套粉丝结构，经由层层转发实现"病毒式传播"，最终到达公共场域。此外，"'被拐女'事件"涉及众多敏感话题，可以说切中了不同类型网友的关注点，能够在短时间内爆发出巨大的"吸睛效应"。

正如网友"霍真布鲁兹老爷"所说，"'郜艳敏事件'的关键在于，它一下子突破了网络上所有人的底线，把中国所有的阴暗面赤裸裸地呈现在大家面前，所有人几乎都发出一种声音，网民关注问题的深度和广度超越了旧有的认知。这样的发声，其实打破了原有的舆论操控模式。这完全不是预设的剧本，但这正是网络的胜利。这是只有在社交媒体时代才会发生的事情"。总体来看，及时交互的微博、微信等传播工具，提供了一个私人话题向公共话题转变的场域，任何有爆点的"新闻"或"旧闻"都能一触即发。

参考文献

[1] 陈波.逻辑哲学导论[M].北京:中国人民大学出版社,2000:309.

[2] 林奇.试析西方客观报道的逻辑力量.广西大学学报[J].2009(10).

[3] 赵建伟.试论报道角度对新闻文本客观性的影响.新闻知识[J].2012:(6).

[4] 蒋亚平,官健文,林荣强.新闻失实论[M].北京:中国新闻出版社,1986:229-230.

[5] 侯尧杉.论我国宣传性新闻失实[J].河北大学学报,2006(5).

[6] 徐婷婷."最美乡村教师"反转剧揭了谁的丑[EB/OL].[2015-08-06].http://mt. sohu.com/20150806/n418293668.shtml.

数字图书与纸质图书的发展与改革

王姚冰

（北京印刷学院，北京　102600）

【摘　要】随着数字出版的迅猛发展，纸质图书似乎已近边缘化，但人们对纸质图书的争议却不断。一方面，有学者认为，数字图书应该给予制止，因为它使中国人的阅读能力下降；另一方面，纸质图书也受到了质疑，很多年轻人认为捧着一本书阅读的时代已经过去，因为电子设备使阅读变得更加方便与快速。文章将探讨数字图书与纸质图书的发展与改革中存在的问题。

【关键字】数字图书；纸质图书；发展与改革

一、数字图书

所谓数字化图书，就是在互联网时代下，将传统的书籍出版发行方式以数字化形式实现，这个过程要用计算机辅助完成。它是利用现代信息技术创造的全新的阅读方式，它并非纸质书的单纯数字化，还有许多复杂的加工处理。简单地说，数字图书就是把平面的内容数字化，并将其放到网络等另一个平台上供人们阅读。它的内容广泛，不仅仅包括电子书，而是集文本、视频、图形、声乐为一体的多媒体图书，光盘、有声读物等其实都可归为数字化图书的行列。

（一）数字图书的优势

1. 形式丰富多彩，方便实用

数字图书在形式方面具有显著的特点。它具有较低的定价和较低的成本，不需要印刷，节约了大量纸张、油墨和水资源，不用仓储、运输，节约了人力和物力，加快了出版周期，增强了图书的时效性和生命力。数字图书并不是简单地将传统纸质图书数字化，而是运用多媒体手段，加入了声音、影像和动画等多媒体元素。

2. 绿色环保的应运而生

数字图书是一种绿色环保产品，不会产生印刷出版垃圾，数字图书可以直接进行电子垃圾的处理。

3. 具有交互功能

纸质书籍在交流上存在着很大的障碍，读者和作者无法快速和顺畅地交流，这种结果可能会导致一本好书被埋没。而数字图书的出现令读者与作者有了一个交流的平台，不仅能使读者可以更深入地了解了作者的想法，而且还可以让读者找到和自己有共同感受的其他读者。

4. 携带方便

无论身处何处，数字图书拿出来可以随时阅读；其次是轻巧，带着这样的数字图书出门你永远不会感到是种负担。以目前流行的储存方式来看，2G 的储存卡可以储存成千上万本的数字图书，相当于一个小型图书馆。

（二）数字图书的劣势

1. 版权问题亟须解决

版权问题大概是数字图书最受人关注的一个问题，也是最难解决的一个问题。数字图书不同于传统的纸质图书，纸质图书有复杂的程序来保护版权等作者的权利，而数字图书通过网上简单地复制和拷贝就能得到。虽然有关部门已经出台了许多政策和措施对数字图书的版权进行保护，但是实际效果并不大。

2. 内容上过于混乱庞杂

有关数字图书，人们在方便阅读的时候也给自己带来一些负面影响。例如网络上会出现各种低俗的内容，使得人们不再迷恋科学和学术，造成了精神文化上的退步。至于如何解决这种内容低俗的数字图书的问题，也是一大难题。

3. 盈利模式不成熟，还未形成一条独立的文化产业链

数字图书现在处于单环节赚钱的形势下，没有集体的完备的产业链。在这样的情况下，数字图书的盈利能力也受到了限制。没有完全的产业链，产品经营变成了产品直销。这就使得在产品也就是图书在生产与销售中降低了盈利能力。

4. 存在巨大的安全隐患

数字图书的购买与阅读存在暴露个人信息的可能，增加了个人信息的安全隐患。现在有不少网络黑客利用网络平台的交互和共享对个人信息进行盗取，导致读者的财产受到巨大损失。

5. 阅读习惯难以改变

许多读者有这样一种感受，数字图书始终难及纸质图书。无论是其手感、还是读感上都与传统的纸质图书有差距。因为数字阅读是一种碎片化的阅读，纸质图书在这里显示出了其巨大优势。

6. 缺少系统的管理，产业链价值低

数字图书固然内容庞大、种类繁多，但却缺少系统的管理平台。就拿纸质图书作对比，有类纸质图书的法律、法规都已经比较完善，而相比之下数字图书就随意的盗版比较猖獗。数字的图书随意复制、随意发行和随

意流传相对容易，法律法规很难对其进行系统的管理。同时，随意复制获取利益的行为破坏了经营上的产业链管理模式。

二、纸质图书

纸质图书已存在了几千年，体系已经相当完善。而近些年纸质书消亡在即的声音此起彼伏，似乎那个一本书、一杯茶、一个下午的时代已经跟不上时代的脚步，可纵使纸质图书有种种弊端，却也无法让我们轻易舍弃。下面列举了四点纸质书的优势，这也许就是对"纸质图书完全消亡论"最好的辩驳。

（一）纸质图书的优势

1. 阅读的舒适性

纸质图书在阅读上的舒适性不言而喻。纸质图书本身没有辐射和有害光线的干扰，对人们视力的影响不大。当人们手捧一本纸质图书的时候，亲切感就会油然而生，那还带着油墨香味的纸张营造出了读书的良好氛围。

2. 易于保存

纸质图书最大的安全威胁在于粉尘和环境湿度，通过人为努力来改善环境的温度和湿度，纸质图书可以保存上百年甚至上千年。即使在环境更恶劣的情况下也可以保存几十年。而数字图书相较之下则容易受到网络病毒的侵害，如网络黑客。这样看来，纸质图书相较于数字图书更易于保存。

3. 具有很高的权威性

纸质图书经过了上千年的磨砺，无论是生产、出版，还是发行，其后备力量都是相当坚实的，从而确保了纸质图书具有较高的学术水平，及其相当的权威性。

（二）纸质图书的劣势

1. 出版过程繁琐，更新慢

一部图书的出版要经历筛选、打样等多个繁琐步骤，一部书的最终出版需要多个人、多个部门合作才能完成。这同时也注定了纸质图书更新知识内容比较滞后，当下流行的事，经历了一本书的一系列出版流程之后可能已经失去了时效性，这也往往会令读者失去了新鲜感。

2. 互动性单一

纸质图书只能靠读者与作者之间单一的交流作为互动，而数字图书则不然，可能依靠网络找到了许多其他读者或者与其有共同兴趣的人。纸质图书单一的文字表现形式也会让许多读者对它失去兴趣。

3. 费用相对较高，利用率低

纸质图书的制作环节决定了它定价高，这会让许多读者望而止步。而且对于有些读者来说，读完之后可能就难以再捡起来，很难再有较高的利用率，这大概也是读者们会选择数字图书的原因。

三、数字图书和纸质图书的发展与改革

关于数字图书与纸质图书的发展与改革，在这里笔者用三个词语来讨论：冲击、机遇和共赢。在这个经历洪流激撞的大时代下，无论是数字图书，还是纸质图书，都要重新审视自身。

（一）冲击

所谓冲击，是指双方的。数字图书的出现确实给纸质图书造成了巨大冲击，改变了人们的阅读习惯；同时，数字图书的"硬伤"也限制了其发展前途。这种状况极大地促进了出版商与电商的合作。这场令传统书业感

到恐慌的合作，却令我们意外发现，冲击带给我们的不是数字图书或是纸质图书的萎缩，反而是使二者一起携手进入了一个共存共荣的大好机遇期。

（二）机遇

1. 浅阅读，纸质图书与数字图书共发展

数字图书的出现确实让我们看到了浅阅读的娱乐消遣功能，因为其覆盖面广、传播迅速，也为纸质图书带来了更高的收益。换句话说，它弥补了纸质图书传播力上、交互性上、共享性上的缺陷，成为了纸质图书"试用装"。有了这种方便使用产品的存在，反而促进了纸质图书的销售。

2. 深阅读，纸质图书弥补全媒体时代的精神空缺

数字图书发布了海量信息，但由于缺少管理，致使其内容良莠不齐、真假难辨；而纸质图书经过了三审三校的严格出版流程，其严谨性、科学性、权威性，使它在读者心目中有着不可动摇的地位。浅、轻、碎的阅读方式迎合了人们浮躁的心理和减压的需要，是信息爆炸时代的催生物。相对于浅阅读，更具阅读价值的深阅读能够促进人们不断探索、思考，能够滋养心灵、催生智慧，是全媒体时代不可或缺的精神食粮。在传统时代向全媒体的过渡期，纸质图书理所当然地承担起更多传承文明的任务，以弥补信息时代的浅薄。

（三）共赢

比起数字图书与纸质图书的博弈，笔者更愿意相信"和平"才是共赢的前提。那么，数字图书与纸质图书是如何做到共赢呢？

1. 愿意尝试

数字图书与纸质图书的营销者应该敞开心怀，接纳新事物。无论是有多么稳固根基的事物，如果不愿意接纳时代的潮流，都注定会被淹没在时代的浪潮里。

2. 形态内容产品精神的深度融合

单纯地把纸质图书推上数字化道路绝不可能实现两者的高盈利，只有深入品牌精神的融合，包括内容、读者和作者，甚至后续的反馈都实现一体化，才可能将两者成功地推出市场，最终达到高收益、高回报。

3. 建设健康完整的产业链

数字图书还需要努力加入图书出版的成熟的产业链中，作为其中的一员才会做大自己、做强自己。而纸质图书需要做的就是将完备成熟的产业链不断更新升级，推陈出新、与时俱进。

（四）解决办法

纸质图书与数字图书营销商应达成一致，可以在纸质图书出版商合作的网站上提供免费试读一部分内容，如果读者通过试读感觉对此书十分感兴趣，只要通过点击数字图书的数据库进行预订购，就可以将纸质图书以折扣形式出售。但如果没有经过网络订购，则难以享受这种折扣（当然也可以附加赠送作者亲笔签名或者小礼品等）。同时，书籍的配送可以采用实体书店与快递直接发出的双向选择，去实体自己直接取书的，可以享受其他优惠，这样也保证了实体和网络都有相对平衡的消费群体。当然，纸质图书出版商也要适当支付数字图书营销上的网络维护和营销费用，使两者双赢。读者收到纸质图书后，可以根据实现设计好的条形码或验证码将数字图书不可免费试读部分解锁，这样既满足了出行方便携带的要求，也满足了想要进行深度阅读的要求。

总之，无论采用什么办法，都代表了我们不希望数字图书受到局限，同时对于纸质图书的迷恋。希望随着全媒体时代的来临，带给我们的是图书精神文化的春暖花开！

参考文献

[1] 王子尧. 浅析数字化图书的特点及其发展前景[J]. 新闻传播,2014(1):150-151.

[2] 王宇沛. 电子图书与纸质图书对比之思考[J]. 黑龙江史志,2010(21):66.

[3] 葛秋菊. 在竞争中共同发展——论电纸书与纸质图书的关系[J]. 农业图书情报学刊,
2011,23(1):125-127.

[4] 赖晓华. 全媒体时代纸质图书出版探讨[J]. 编辑之友,2014(7):19-21.

外媒"全面二孩政策"的报道话语对中国形象的构建

张明月

（中国传媒大学电视与新闻学院 2015 硕士研究生）

【摘　要】外媒对于中国的报道，由于意识形态等原因，一般均具有隐形框架。而具体到每篇报道中，外媒是如何应用话语技巧，来巧妙地达到其叙事目的的呢？文章通过对美国《纽约时报》《华盛顿邮报》及《华尔街日报》三家大报对中国近期颁布的"全面二孩政策"的报道进行文本分析，尝试对其运用的具体话语技巧进行解析，并探寻其构建的中国形象。

【关键字】话语分析；框架理论；中国形象；"全面二孩"

在中国国际传播影响力还未凸显的今天，外媒对于中国新闻事件的报道在很大程度上影响着中国的国际形象。诸多研究表明，外媒对于中国新闻事件的报道，大多倾向于采取负面的态度。而新闻媒体在报道过程中，又要将客观性作为首要条件，那么外媒是如何运用话语技巧及叙事技巧进行事实构建，以达到其叙事目的的呢？

本文以我国"全面二孩政策放开"这一政策性新闻事件为例，选取美国三家大报《纽约时报》《华盛顿邮报》及《华尔街日报》自政策出台后至今对于我国"全面二孩政策"的共 57 篇报道，进行具体的文本分析，尝试对美国媒体在报道中使用的话语技巧进行解读。

一、研究价值

党的十八届五中全会闭幕后，我国正式宣布全面开放二胎政策。自 20 世纪八十年代我国全面实施计划生育政策以来，这一话题在国内外始终热度不减。在国内方面，由于这一政策关系国人的切身利益，所以这一政策每每出现变动，总能够在国内各大媒体平台上占据一席之地。至于国际方面，由于涉及国际社会最为关注的人权问题，所以外国媒体也始终密切关注并跟进报道。

（一）研究的可能性

事件本身具有研究的可能，计划生育政策可以说伴随着新中国的发展，在中、外均具有一定程度的关注度。"全面二孩政策"一出台就吸引了外国媒体的关注，且成为其对中国形象呈现的一个重要窗口，报道篇幅在外媒近期对中国事件报道的总篇幅中也占据很大一部分。此事件作为近期代表性的政治新闻事件，对其作出解读，可以展现外媒对中国政策性事件基本的话语、框架的构建方法。

（二）研究的必要性

首先，可从多角度进行观察分析。"全面二胎政策"对我国社会影响深远，所以从多角度对其进行分析，有助于对这一政策的进一步理解，并对其可能衍生出的问题进行预警、防范。对于外媒报道的研究，有助于弥补盲点，更加全面地了解二胎政策。

其次，对外媒相关报道进行具体的话语分析，可以更好地理解中外媒体报道的框架差异，得出外媒报道中国事件的基本态度和方法。不同国家和地区对同一事件的报道存在不同的倾向，尤其是对于政策相关事件，更加能够体现不同国家媒体报道框架的差异。通过对外国媒体报道"全面二孩政策"的新闻的具体文本进行话语分析，有助于我们更加深入地理解中、外报道的区别，也有利于我国在之后相关事件的国际传播中及时作出回应；

最后，可为中国的对外传播提供参考价值。中国作为一个日渐崛起的大国，对外文化传播已越来越受到重视。以解读"十三五"政策为例，我国就发布了"十三五之歌"等进行国家形象的对外传播，但效果一直不够显著。通过对外媒报道的研究，可以得出在外国媒体及民众眼中我国的形象，以及外国媒体报道中国事务的基本态度。虽然其中可能存在意识形态的差异，但此进行对比研究有助于对我国开展有针对性的对外传播。

二、文本分析

美国《纽约时报》《华盛顿邮报》和《华尔街日报》三家媒体对于中国"全面二孩政策"的报道均集中在该政策出台后，共57篇，分别为《纽约时报》15篇、《华盛顿邮报》16篇、《华尔街日报》16篇。在三家媒体的报道中，叙事文本呈现如下三个特点。

(一) 标题：词语具有态度

在曾庆香的《新闻叙事学》中，曾提到了新闻话语建构的名词化①，即通过将其他词类变成名词的形式，赋予其隐含意义，这也是西方媒体常使用在标题中的手法。但分析外媒对中国"全面二孩政策"报道的标题，可以发现，大多数文章标题并不隐藏其态度，而是通过形容词、动词等直接表明作者的态度，确定文章的基调。如《纽约时报》中《中国女性仍无尊严》(*Still No Dignity for Chinese Women*)、《独生子女政策的长期阴影》(*The Long Shadow of China's One-Child Policy*) 等文，用 Still (仍然)、Shadow (阴影) 系列词语，直接体现对中国新政策的态度。由于各种因素限制，本文选取的素材均为传统媒体电子版、网络版。笔者认为，此类现象与新兴

---

① 曾庆香. 新闻叙事学[M]. 北京：中国广播电视出版社，2005：113.

媒体平台逐渐勃兴后，传统纸媒倾向于迎合人们通过快速浏览标题选择自己偏好的事实、态度来进行阅读的习惯有关。

（二）体裁：虚实并行

在新闻的表现形式方面，三家媒体均以报道居多，其中包括通讯、消息等。另外，还有为数不多的几篇评论及一篇人物专访。体裁构成如表1所示。

表1　体裁构成

体裁	报道	评论	人物专访
数量	51	5	1
总数	57		

在体裁方面，看似以报道体裁存在的占据绝大多数，但其中多为夹叙夹议，鲜少有单纯的事实报道。大部分报道均仅在开篇介绍部分政策背景、事实信息，紧接着便转向对中国现象、政策效果的分析方面。

（三）文本：暗藏深意

在报道中，通过对句子句式的设置，也暗含了其立场并传达出对中国形象不利的信息。

如在《独生子女政策的长期阴影》（*The Long Shadow of China's One-Child Policy*）一文中，有这样一句话："Chinese officials still seem impervious to the needless human suffering the policy has inflicted."（中国官员看起来仍然对人民由于政策影响遭受的不必要的痛苦无动于衷。）这一句话可被拆分为两句，即"中国官员无动于衷"和"人民由于政策影响遭受不必要的痛苦"。从句式来看，前一句为精神型，表现官员的想法，后一句为状态型，表明人民的生活状态。并且官员为主动，人民为被动。这句话除去中国人民在遭受痛苦这一表面的负面事实，其实还隐含着在中国官员与人民为两个阶层且过着不同的生活这一含义。

在报道中，还存在通过对叙事视角的利用，营造出虚假的客观。《中国独生子女政策导致我被收养——我过上了更优越的生活》（*China's one-child policy led to my adoption — and a more privileged life*）一文中，由一位中国二孩，讲述了自己由于独生子女政策而被迫被美国家庭收养的经历，并在其中穿插了对独生子女政策的批判及其对美国生活的喜爱。看似客观，但话语权的拥有者，即这位被收养的孩子，仅为特例并不能代表全部。

此类现象在报道中广泛存在，通过语言技巧，隐晦地向人们传达了一系列负面信息。

三、叙事视角

（一）虚假的客观

在叙事视角方面，外媒的报道呈现出虚假的客观，以下分别从信源和态度两个角度进行分析。

1. 信源方面

表 2　信源分析表

信源	中国官方	外国官方	中国专家	外国专家	中国民众	中国媒体	外国媒体	未知信源
次数	16	2	16	8	12	0	1	16
百分比（%）	23	2	23	11	17	0	1	23
合计	100%							

表 2 为美国三家媒体 57 篇报道的信源表。每篇报道可能存在多种信源。从表 2 中可以看出，外媒对中国"全面二孩政策"的报道信源，涉及

外国官方及媒体信源的文章仅有三篇，且立场均为负面。

在相关报道中，信源主要集中在中国方面，以中国官方及专家民众为主，看似客观，但根据文本分析，来自于中国方面的意见多为负面的。通过使用来自中国的信源，使外媒报道表面上更为公正，但其最终目的仍为借中国官员、专家及民众之口来传达其立场与态度。

2. 态度方面

表3　媒体态度表

《纽约时报》《华盛顿邮报》《华尔街日报》（一篇文章可能存在多种态度）										
态度	正面态度				中立态度			负面态度			
	调整人口结构	促进经济增长	增加劳动力	改善人权	无明显态度	生育率效果待观察	现象分析	生活压力增大	效果有限	未完全放开	引申的负面评价
次数	1	14	2	1	9	2	12	5	22	8	19
百分比（%）	15				25			60			

通过表3可以看出，在报道中，负面态度占据60%，下面是具体的态度表现。

（1）正面态度

在《纽约时报》15篇文章的正面态度中，只有调整人口结构、促进经济增长、增加劳动力三种，在文章中所占篇幅比重较小，涉及的大部分为客观事实的呈现。

《华盛顿邮报》正面态度的报道仅有一篇，名为《中国放宽生育限制对夫妇、企业来说均为福利》（*China's easing of birth limit a boon to couples, companies*），该文主要集中在促进经济增长、改善人权两个态度，提到政策利于中国减小因老龄化造成的经济压力并促进婴儿用品相关公司的发展，且对于诸多夫妇来说不失为多一个选择。

《华尔街日报》相关报道只有一个正面态度，即为促进经济增长，有7篇文章涉及了这一态度，如《政府称：二孩政策将使 GDP 增长 0.5%》（*Two-Child Policy Will Boost China's GDP Growth by 0.5%, Government Says*），该文引用了中国政府预测，称最近由于取消了执行了几十年的独生子女政策，中国将在经济增长的"长期"中产生 0.5 个百分点。但原文中"over the long term"使用了双引号进行强调，所以其态度可说非完全正面。另外，对于政策对中国经济的影响，《华尔街日报》相关报道从婴儿用品市场、房地产市场均进行了分析，如《投资者涌入婴儿食品相关股票市场》（*Investors Pile Into Baby-Formula Stocks*）、《二孩政策对中国房地产市场来说意味着什么》（*What Will the Two-Child Policy Mean for China's Property Market?*）。

（2）中立态度

由于中立态度基本为政策的基本解读，一般作为新闻报道中的基本事实，一般每篇文章均有涉及但占幅不多。

一些文章也会用图表或评论的形式对"全面二孩政策"进行现象分析，《华盛顿邮报》中的相关文章最多，如《如果美国与中国同时实行独生子女政策将会怎样?》（*What if the U.S. had adopted a one-child policy at the same time as China?*）就采用了四个图表进行了分析。

（3）负面态度

在《纽约时报》相关报道中，其负面态度为主要态度，且集中在效果有限、未完全放开是独生子女政策的变种，以及由二孩政策引申对中国的负面评价。其中，关于引申对中国的负面评价这一方面较多，多提及计划生育政策具有诸多后遗症，将长期影响中国，并涉及一系列由计划生育政策引发的社会问题。如在《独生子女政策终结：中国计生委何去何从?》

（*After the One-Child Policy：What Happens to China's Family-Planning Bureaucracy?*）中，引用了对一位中国律师的采访，称"计生委""收集了 200 亿元人民币（35 亿美元）的罚款，但没有一个政府能够充分说明这笔钱是怎么花的。"

《华盛顿邮报》相关报道的负面态度主要体现在效果有限以及由"二孩政策"引申对中国的负面评价两个方面。

《华尔街日报》报道的负面态度主要表现为效果有限。如在《为何计划生育终结后，中国可能也看不到婴儿潮》（*Why China Probably Won't See a Baby Boom After the One-Child Policy*）、《独生子女政策的终结并未化解中国的人口隐患》（*One-Child's End Won't Defuse China's Population Bomb*）、《中国婴儿潮的五大障碍》（*Five Hurdles to a China Baby Boom*）三篇文章中，分别从多角度出发，阐述中国并不会因此政策而迅速增加人口，以及不能快速缓解社会老龄化现象等一系列问题。

经对比分析，发现在态度方面，美国媒体报道中的正面态度多为经济增长，负面多为效果有限，以及由二孩政策引发对中国的负面评价。其中，需要注意的是，美国三家报纸涉及由二孩政策引申对中国的负面评价这一类态度的文章，大多是引申到计划生育政策并对由此引发的系列问题，如针对人权问题、腐败问题等进行批判。并且通过报道态度数量分布也可看出，负面态度占据大多数，总体上并不客观。

（二）巧妙的引申

在上文对态度的分析中，其实已经可以看出，在报道中占据多数的报道并非为政策解读，而是集中在政策对中国经济的影响与对独生子女政策的引申。

1. 关注点的转移

将对中国全面二孩政策的报道转移到经济方面，多见于《华尔街日报》。由于其报刊定位为财经类报纸且目标受众多为中、高端人士，所以对中国全面二孩政策的报道也多为这一政策对婴用品、房地产市场及相关股票的影响。

这一现象也体现出了我国在外的形象多为经济大国，对于全球金融、股票市场均存在很大的影响。

2. 社会规范错位

外媒对中国全面二孩政策的部分报道，是通过焦点转移的方法，将报道重点转向独生子女政策，新坛老酒、旧事重提。在文本中，存在利用语境差异、社会规范不同而蓄意产生误解的情况。尤其体现在对独生子女政策的回顾上。基本在所有引申到独生子女话题的新闻报道中，均提到"abortion"（堕胎）一词，相较于中国，国外语境下，堕胎涉及一个生命权和选择权的争论，是较为严肃及严重的一件事。在新闻报道中，对这一现象的反复提及并伴之对中国人权的批评，会让受众对中国产生不良印象。

如《华盛顿邮报》中《对于大多数母亲来说，计划生育政策的结束太迟了》（*For many moms, the end of China's one-child rule came too late*）一文，开篇对一位为了保住工作准备进行堕胎手术的中国中年女人进行了描写，采访了她在得知二孩政策出台后的心情，"When I heard the announcement about the new two-child policy, I cried." she said.（她说："当我听到新的二孩政策宣布的时候，我泪流满面。"）。

以上两点，均为对二孩政策的引申，而非事实报道。

四、形象构建

外媒对于中国新闻事件的报道框架，多以负面为主，这与意识形态的差异存在密不可分的关系，但中外报道预判框架不同可能也为原因之一，在霍尔提出的文化维度中，美国属于将来导向型语境，外国对于事件发生后的预判框架以负面为主，而中国报道一直以来都坚持以正面为主的方针。

　　通过本文对于外媒报道中国新闻事件中话语运用的分析，可以看出在新闻报道中，具有许多隐含的导向，受众有时会在不自知的情况下掉入语言陷阱。而外媒对中国事件的报道，也存在着诸多隐含的负面信息，中国在对外传播的过程中，也应有针对性的进行化解，才能逐步建立起我国的正面形象。

参考文献

［1］曾庆香,黄春平,肖赞军.谁在新闻中说话——论新闻的话语主体［J］.新闻与传播研究,2005(3):2-7.

［2］曾庆香.西方某些媒体"3·14"报道的话语分析［J］.国际新闻界,2008(5):25-31.

［3］曲妍妮.《南方人物周刊》封面人物报道的话语分析［D］.济南:山东大学,2012.

网络传播与国家安全

余斌斌

（北京印刷学院，北京 102600）

【摘　要】互联网的经过几十年迅猛发展，网络化社会初步形成，传播技术作为推动网络全球化历史进程的动力要素之一，起着至关重要的作用。在这种情况下，网络传播和传统的传播方式一起构成了全球化的新型传播网络，在国际社会的政治、经济、文化和社会生活方面都发挥着重要的作用。对国家而言，与全球化网络传播相伴随的，不仅有发展的机遇，而且还对国家多个领域的安全发起了挑战。网络传播的影响已经涉及国家政治安全、经济安全、文化安全和社会生活安全等多领域，对于传统安全与非传统安全领域都可以发挥积极的催化作用，同样也可以造成致命的威胁。文章将对我国新媒体环境下的网络传播对组成国家安全的多个领域的影响进行探讨。

【关键字】网络传播；国家安全

进入 21 世纪以来，科技高速发展，尤其以互联网科技发展为代表。互联网科技的迅猛发展带来了诸多行业的革新，比如传媒业的大洗牌。新媒体的诞生，传播方式逐渐开始发生变化。话语权从过去的控制报社、广播电台、电视台为主体的传统传媒行业的专业传媒从业者逐渐转向为普通大众。并随着近年来微博、微信等自媒体的高速发展，这个时代彻底变成了一个人人都有麦克风，人人都有话语权的时代。网络传播已经成为人们现实生活当中重要的、不可或缺的组成部分。在这个高度自由和开放的时代，我们应当注意到一点的就是全球化的这个基本特征。在我们所处的这个时代，通过高效的网络传播的方式，人们可以跨越空间障碍，在全球范围内实现信息的充分沟通，达成共识，形成跨区域的合作，并最终实现多赢的局面。全球化已经是无法阻挡的历史洪流，呈现出来的是一种不可逆转的趋势，渗透到整个社会的经济、科技、文化、政治的方方面面，改变着人们的工作方式、生活方式、价值观念，甚至改变着现代社会的性质。在全球化的历史进程中，国家安全必然会受到重大的影响。因为全球化极大地改变了传统的国家安全概念，维护国家安全的手段也变得更加复杂多样。

　　国家安全是一个国家生存和发展的基础，指的是国家利益、特别是重大国家利益免受损害或威胁的状态。随着时代的变迁，特别是全球化进程的加快，国家安全的内涵也不断地丰富起来，国家安全的构成范围也越来越广。在世界发展全球化的特征影响下，国家利益包含了政治、军事、经济、文化和社会生活等多方面的因素。网络传播可以说在影响国家安全方面起到了举足轻重的作用。接下来，将分别论述一下网络传播在国家安全不同领域带来的影响。

一、国家政治安全

　　政治安全是国家安全的一个重要组成部分，其核心是维护国家主权、社会政治稳定和意识形态的安全。就其表现而言，政治安全是国家的国体、政体、国家结构形式，以及意识形态、政党制度等诸种因素的统一，是一个国家经济和文化正常发展的前提和重要保障。

　　随着互联网技术的发展和新式网络传播媒介的出现，网络传播对国家政治安全的影响也越来越复杂。互联网技术的高速发展和网络监管手段的相对滞后，不可避免地对国家的政治安全带来一定的消极负面影响。

（一）冲击我国现有的宣传体制，导致舆论管控的风险加大

互联网诞生之前，宣传的主要载体是传统媒体，都是单向宣传，没有有效的反馈渠道。这种自下而上的宣传管理体制的最大优势在于对某些方面实施控制，宣传者可以有针对性地对信息进行过滤，以此防止危害国家安全和社会政治稳定的信息的扩散与传播。但随着网络媒体作为一种新型的传媒力量，具有自由的、多向的和互动的特点，网络信息的流动远远超出国家可控范围。

（二）互联网的多种特性对我国一元化的意识形态安全带来负面影响

意识形态是国家政治安全的重要内容，对于维护国家政治稳定起到了极其重要的作用。互联网打破了国家的观念，传统的国家观念和民族观念，在互联网发展和世界交流紧密的大背景冲击下，越来越模糊。互联网还对集体主义观念带来了前所未有的冲击。因为互联网为每个人都提供了一个展现自我的平台，在这个平台上，每个人都容易忽略集体主义精神，个人主义的观念非常的强。互联网还成为许多新的意识形态互相角逐的重要战场，形形色色的社会思潮和观念都在网络上博弈。

（三）西方国家的"网络舌头"对我国的政治安全造成了潜在威胁

西方国家敌对势力从来都没有放松过对我国实施"西化"和"分化"的战略企图，他们不断利用其网络技术优势，通过网络来宣扬他们的社会制度和价值观念。以美国为例，美国信息时代的外交政策的核心目标是取得世界信息战的胜利。美国如今凭借强大的技术和人才优势，搜集全球范围的互联网信息。比如，美国在全球范围内的"棱镜计划"被曝光，在世

界范围内掀起了轩然大波。互联网也成了别国干涉我国内政、介入我国内部事务的最便利的途径。通过发布虚假信息，激化社会矛盾，破坏和谐稳定，在一定程度上威胁和危害我国的政治安全。

二、国家经济安全

国家经济安全是指国家的根本经济利益不受国内外因素破坏和干扰，国家经济持续健康发展的态势。它首先是指一种装填，即国家经济利益的获取受到保护，国家经济的发展不受威胁和破坏，稳定、均衡和持续发展，国家主权不受分割的一种竞技状态。其次，国家经济安全是指一种能力，即在经济全球化时代，国家经济发展有关的资源的稳定获取的能力，国家经济抵抗国内外政治、经济和军事变动的冲击能力，国家经济抵御经济入侵和方法经济危机的能力。最后，国家安全是一个目标，是国家在发展经济的过程中，不断发挥和扩大自身优势，增加安全因素，减少不安全因素，在动态发展中保证本国经济安全的一个目标。在世界范围内，和平与发展成为世界两大新主题的趋势下，各国政府都普遍认识到，当今世界的国际较量，已经转为经济实力的一比高低了。在网络传播在经济全球化的影响下，对国家经济安全的影响，包括以下两个方面。

（一）网络传播负面消息导致投资者信心不稳定，对我国经济市场高速发展带来负面影响

网络传播不同于传统的大众媒体，由于人人都是自媒体，人人都有麦克风，人人都有了话语权，传播速度相比传统的大众媒体会快很多。另一点，在这个人人都是记者和播音员的时代，很多信息并不会经过像过去那样大众媒体的信息确认过程，在筛选掉假消息之后，信息基本都能够保证真实。现在的网络媒介在传播过程中，很多未经确认的假信息会以惊人的速度散布和传播出去。比如，传播一个未经证实的国家政策对房地产征税

的消息，会打压国内投资者的信心，并对房地产行业健康和稳步的发展造成冲击。

(二) 网络传播对信息产业经济的影响

因为信息产业的迅速发展是全球经济体系得以形成的基础，也是国家经济的重要组成部分，所以信息产业经济的健康发展与否直接影响国家经济安全。网络传播对于信息产业高速发展的今天尤其显得重要，网络传播效果的好坏直接影响信息产业的发展。好的传播效果，会对信息产业甚至会对与互联网有关的多行业起到积极的促进作用。

三、国家文化安全

文化是民族的血脉，是人民的精神家园。文化安全，关乎着国家的存在、稳定和发展，是国家文化发展和繁荣的基础。文化是一个民族得以传承和一个国家得以维系的前提和保障。随着新媒体时代的到来，全球化、网络化和社会化发展的新媒体，正以惊人的发展速度迅速渗透到国家文化当中，对我国的文化安全提出了严峻的挑战。在数字技术和网络技术高速发展的新媒体时代，对我国这样的一个发展中国家而言，网络传播对国家文化安全问题的冲击已经上升到了一个日益凸显的重大问题。文化安全是指我国优秀的文化，以及长期形成的已经与国家制度相匹配的道德、精神和信念等不会被他人颠覆，能够在传统的文化传播模式逐渐弱化，新的文化传播途径在面临安全隐患和漏洞的同时，继续保持和延续固有的价值理念、民族特性和文化特质。

文化无论在什么时代，都会需要通过一定的载体得以传播。在新媒体时代，文化则必须要借助媒介的力量才能以更快捷的方式，在更大范围内发展，进而得到文化的传承和发扬。因此，传播载体对文化及其传播具有不可估量的影响。在过去，一种文化渗透到另一种文化之中往往需要几十年甚至上百年的时间。而现今在网络传播技术高速发达的今天，文化的传播速度异常迅猛。尤其是进入新媒体时代以来，新型媒体形态的爆炸性增长，以及新媒体技术在日常生活中的广泛应用，给国家的文化安全带来了的影响已经超过了我们的预期。

（二） 网络传播会对民族文化认同感起到弱化的作用

民族文化认同感是国家认同的前提，是国家和民族凝聚力所在。如果一个国家和民族文化的认同感发生弱化，那么这个国家和民族的凝聚力就会涣散，随之而来的便是整个民族的衰败。长期以来，博大精深的中华文化和传承千年的历史紧紧相连，孕育出中华民族强大的国家认同感，并为民族文化认同感打下了坚不可摧的根基。然而随着现代社会新媒体技术的发展，网络传播的普及，为各个国家的文化交流和碰撞提供了一个空前强大的平台，不过当下一些人的民族文化认同感正逐渐被通过新媒体传播而来的强势文化所削弱。一些媒体在进行网络传播时，非常热衷于宣传西方的大众文化、消费文化和流行文化，让人们在不知不觉中被动地接受西方的文化。同时，由于人们的时间和经历有限，对本国和本民族的文化往往缺少了解，甚至还有很多人受西方文化影响很大，他们甚至不想了解本民族文化，因此一部人对中华民族的文化认同感逐渐减弱。

（二） 网络传播会对中华民族优秀传统文化的流失造成影响

中华民族的传统文化是民族精神无声的力量，是我国和民族的精神家园和文化基因库，它包含了中华民族各种优秀的思想文化和意识形态。随着网络传播的加剧，人们崇洋媚外的观念越来越强，还由于我们自身也缺乏保护民族文化的意识和防范措施，使得西方的快餐文化深入人心，并以一种相当快的速度传播并影响着普通大众。很多中华民族优秀的民族文化在网络传播的大背景下处于劣势，有相当一部分优秀的民族文化正在流失，大量的民风和民俗正濒临灭绝，严重地影响了我国文化的繁荣和国家文化安全。

综上所述，我们总结了网络传播对国家政治安全、经济安全、文化安全的影响。毋庸置疑，网络传播对促进世界的发展和人类社会的进步发挥着巨大作用，然而网络传播也给社会稳定和国家安全都带来了前所未有的新问题和新挑战。能否迎接网络时代对国家安全的挑战，将直接影响社会的安定和谐与国家的长治久安。

为了能够在这场没有硝烟的战争中让我们国家安全维持在一个比较安全状态，我认为应该采取以下三个措施：（一）加强国家在网络传播领域的合作。（二）依托高校和科研院所加快数字化信息内容保护的工作。（三）保证网络传播从业人员的道德水准和政治素养，培养和提高结束开发和创新能力。

总之，对一个国家来说，应该辩证地看待全球化网络传播时代的来临，因为危机往往是在威胁中隐含着机会，机遇从来都是和挑战并存。只有积极借鉴信息强国的经验和技术，提高自身网络传播技术水平和素养，我们才能够更好地维护国家安全，为早日实现"中国梦"打下良好的基础。

参考文献

[1] 李静.全球化的网络传播对社会主义国家社会安全的挑战及我们的对策[J].东北大学学报,2003(1):45-47.

[2] 张航.论网络表达自由与国家安全的平衡[M].济南:山东大学,2014:6-8.

[3] 刘普.政治安全:网络时代的挑战与对策[M].北京:中国社会科学院,2012:15-18.

[4] 覃志定.网路从传播环境下的社会问题及控制研究[M].南宁:广西大学,2008:15-19.

[5] 史丽燕.浅述我国对网络传播与国家安全的研究[EB/OL].(2015-01-15)[2015-12-20].http://www.cnki.net.

网络微视频的发展情况分析

张　聪　张安琪　丁彦清　程远涉

（北京印刷学院，北京　102600）

【摘　要】文章通过分析部分微视频移动应用走红的现状和发展，对网络微视频内容进行分类，从而探讨网络微视频发展中存在的问题和困境，并对今后网络微视频发展的方向进行了分析。

【关键字】微视频；移动应用；社交媒体

一、网络微视频的由来与发展

1. 网络微视频的由来

关于微视频的定义，业界尚未形成统一的定论，笔者总结其具有两大特点，从而定义微视频。

首先，由微视频的"微"字可见其第一大特点——时长短，由几分钟到几十分钟不等，一般不超过一小时。而由于其时长短，也决定了微视频的体裁——往往是微电影，不能构成完整的传统意义上的大约 90 分钟的传统电影；或是草根原创节目：解构经典的搞怪娱乐节目、随手抓拍的社会新闻，网络红人的自拍视频，这些节目往往随意性强，对技术和质量没有很高的要求。

其二，非主流大众文化特性。微视频往往通过视频网站、贴吧、微博等非主流媒体发布，传播方式主要是人际传播。而也由于其这一特性，微视频传播非常快，有时甚至会爆发病毒式传播，一传十，十传百，成为热门话题。如微视频界"元老"《一个馒头引发的血案》曾在互联网疯传，成为一种现象级话题。

2. 网络（微）视频网站的发展

2005 年，视频分享网站 YouTube 在美国走红，便很快风靡全球。2005—2007 年，国内诞生了像土豆网、优酷网、酷 6 网、六间房、56 网、乐视网等一大批颇具影响力的视频分享网站，新浪、搜狐等门户网站也开通了视频业务。由于网络微视频的快速发展，微视频制作和传播主体的平民化，2006 年被网友称为"网络微视频元年"。2010 年，优酷网在美国纽约证券交易所成功上市，与网络视频相关的政策法规也得到健全和完善，在线视频网站真正发展起来。在视频网站的竞争中，优酷网和土豆网基本形成"双雄并立"的局势，并于 2012 年合并，成为业界最有影响力的视频网站。

3. 微视频移动应用发展分析

随着移动互联网的快速发展，微视频的传播平台迅速从 PC 互联网转向移动互联网，一些视频网站开始制作移动应用（简称 APP）。移动微视频社交应用最早出现在美国。美国社交网站 Viddy 于 2011 年下半年推出移动微视频社交产品，并成功运用于客户手机端中。在中国，2013 年下旬，新浪、苹果、三星等官方平台合作，推出视频客户端。新浪微博手机客户端内置秒拍应用——一款全新的微视频移动应用。此后，国内的移动微视频应用开始逐渐增多，如腾讯的微视、美图的美拍等。

除了以上提及的，以及传统的视频网站纷纷开发 APP 外，一些新型的传媒公司也在微视频应用领域异军突起。如 2011 年 10 月开发的"GIF 快手"，主打工具型手机应用；2013 年推出的"小影"，可以满足用户拍摄时间更长的微视频的需要；2015 年 7 月"火"起来的"小咖秀"，与其他微视频应用稍有不同，是一款对口型的视频拍摄应用。

这些微视频应用主要属于娱乐行业产品，融合多媒体特质，以文化娱乐为主要内容，以多媒体为操作手段；重视建设自身的短视频社区，扩大分享输出功能，与社交应用融合并且向社交应用发展。它们在2015年迎来用户使用的高潮，在网络应用市场中赢得了大批用户，拥有了一定的市场地位。但是，这些手机移动应用总是随着不断变化的潮流迅速火爆又很快没落，同时又有源源不断的新应用涌现，见图1。

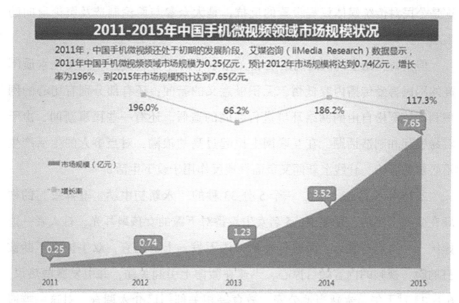

图1　2011—2015年中国手机微视频领域市场规模状况

数据来源：艾媒咨询。

二、网络微视频的内容分类

网络微视频内容丰富，种类繁多。各式各样的微视频在网络空间传播中，既有具备积极意义与作用的，也有蕴含负能量的。笔者对微博、微信等社交媒体上传播的微视频进行浏览和统计后，将其内容分为以下五类。

1. 短新闻

微视频中的短新闻不同于传统新闻，其中一部分是公民新闻，一部分是网民自行截取的传统新闻节目中的个别条目，有的还会在此基础上进行编辑和再加工。这些截取和再加工都经过了发布者的再过滤，体现了个人的想法和创意，是另一种形式的自我表达。

短新闻的传播在扩大网民获取信息的渠道的同时，赋予了网民更多的话语权，让网民可以通过分享和传播自己感兴趣的问题来吸引社会的关注。这是公民对传统媒体议程设置的反抗，是大众参与舆论制造及舆论导向的表现。

但同时，由于网民之间素质和文化水平的差异较大，一些文化素质不高的网民喜爱传播内容低俗、无积极意义的新闻；还有部分别有用心的网民利用较宽松自由的网络环境进行新闻的造假。还有一些民事新闻，由于容易引起和制造话题，在互联网上掀起过高的浪潮，对当事人的生活产生不必要的影响，让线上新闻又负面性地反作用于线下生活。

2015年6月22日晚，一个5分33秒的"永新初中学生遭群殴"的视频在微博上流传。视频中，5名女生轮番对下跪的女孩扇耳光，打人者一边嬉笑，一边骂着脏话，而被打女孩一语不发，上身挺直，双手护着不断被打的脸。视频的内容触目惊心，迅速在微博上引起关注，并引发微博热议。6月23日下午，永新当地公安、教育等相关部门已介入调查，对这一群殴事件逐步进行调查和解决。但是微博上的衍生话题持续发酵，部分网友人肉搜索当事人，并且制造"轮奸"等恶劣的假消息，让这次的中学生打架事件产生了持续的恶劣影响。

2. 商业广告

在赢得粉丝即赢得用户从而赢得利润的时代，企业商家也将广告投放到新媒体领域，以期获得更佳的宣传效果。如微信朋友圈中的广告即以微视频形式呈现，这种广告可以说是强制性进入微信用户视野，又能够以足够吸引人的封面激发用户好奇心，使他们点开页面浏览短小精悍、耗费流量少的微视频。微视频下方可以像朋友圈其他状态一样被点赞和评论，利用好友之间的互动，进一步加强其宣传效果。

微博中的一些知名博主（俗称"网红"）利用人气赚取收入，广告是网红赚取收入的最简单途径。除了视频播放前的几十秒广告，各种精心设计的植入广告更容易被买账。

随后，一部分"网红"开始开淘宝店做生意。这些网红（多为时尚博主、模特和校花）利用自己穿衣打扮、生活方式上的心得在网络笼络了大批粉丝，而利用自己的人气将其变为线下收入。据腾讯娱乐统计，在2015年淘宝平台公布的女装C店（非天猫类店铺）年度销售额排行TOP10中，来自"网红"的店铺就有5家。

"网红淘宝店"甚至已经发展为一种产业，有专业的公司来签约、打造"网红"。他们打通上游设计生产、下游推广和销售等各个渠道，创造出一条"保姆+经纪人+供应链"的新型模式。

3. 搞笑娱乐

此类微视频包含的元素种类丰富：幽默、恶搞的逗笑类微视频；大开脑洞的创意类微视频；粉丝为明星制作的娱乐（狭义）类微视频；可爱、温馨的微视频，等等。

这些作品无实质性内容，不连贯且不系统，但往往最吸引人、最富有人气。因为它们可以轻而易举地抓住受众的兴趣点，让受众在浏览过程中缓解压力、放松心情，得到愉悦与享受。从另一角度看，其实受众对这些作品是有需求的，在工作之余，他们需要一些事物放松自我；在不开心的时候，他们需要一些事物来分散注意力；在有了非常喜欢的偶像以后，他们迫切地想浏览一切偶像有关的东西，想和其他粉丝一起分享和沉溺于这种喜欢的状态。

在微博和微信好友中常互相分享的就是搞笑或卖萌的微视频，小品段子、搞笑动图集锦、宠物玩耍录像等，常常让人开怀大笑，缓解压力，放松心情。创意元素的微视频，如大开脑洞的小动画，极富想象，引人入胜，有时也会引发灵感，开动脑筋。

其中，人气最高的要属明星周边包括粉丝剪辑的明星短片，路人跟拍的明星动态，明星的节日祝福，等等。尤其是与当红明星有关的微视频传播效果可谓是一石激起千层浪，一经发布，短时间内就会被无数次点赞、评论和转发。

但这种追求娱乐和放松的趋向常常在人的惰性和贪图享乐的本能驱使下走向难以控制的境界，从而影响人正常而有规律的工作、学习和生活，甚至影响社会的发展和前进。

4. 人际交往

自我展示和分享交流都是人际交往的重要内容。

在追求个性、解放天性的年代，人们越来越不吝于展示自我而赢得他人关注，喜欢互相分享、互动交流。展示个人物件、发表心情状态、抒发才情等微视频，能够表现自我、凸显个性并赢得关注。有教程类微视频，如教化妆、教穿衣等，发布者将自己在某方面的经验与心得与大家分享，互相沟通交流学习。亲友间的生日节日祝福也常常被录制成微视频，比传统文字或图片都更有新意而让人惊喜。

2015 年火起来的一款移动应用小偶是一款以微视频为主的社交娱乐应用。用户只要自拍一张照片，小偶就能自动帮你生成各种以你为主角的动画。动画可以以自己为主角，给好友送祝福，也可以以他人为主角，进行恶搞和逗乐。通过转发和分享小偶动画，用户能够与他人进行沟通交流，增进友谊。

5. 微电影

微电影作为微视频中的一个大门类，更是电影中的一个重要分支。它起步晚但发展速度极快，前景不可估量。其创作思想和手段都是对传统电影的创新和发展，有利于电影行业的可持续发展。同时，微电影更短的时间、更凝炼的剧情符合现代的快节奏生活，能够满足那些没有条件连贯地欣赏一部完整电影的受众的需求。微电影的传播速度有时甚至高于普通电影，能在短时间内聚集大量关注和成为热门话题。

2014 年 7 月上映的《老男孩之猛龙过江》是一部从互联网走出来的电影，影片创作在很大程度上基于优酷网对其四年前推出的微电影《老男孩》所做的受众分析。通过对这部"现象级"微电影 8000 万粉丝的性别、年龄、职业、地域甚至观看时长、拖拽指数等所做的分析，可以精准地判断出观众的"笑点""泪点"，并借此指导影片创作。最终，这部影片斩获 2.1 亿元票房，影片的宣传曲《小苹果》也成为风靡全国的"网络神曲"。这实际上是一种电影调研行为，通过大数据手段捕捉用户行为、洞察用户偏好，为后续创作提供策略支持，这在一定程度上提高了电影项目的成功率。

三、网络微视频发展中存在的问题

网络微视频以互联网尤其移动互联网为主进行传播，内容短平快。区别于其他影音内容的特点决定了其另类发展路径，以及娱乐性泛滥，社交性传播的发展新特性。内容短平快，平均时长三四分钟，最长不超过二十分钟的短视频，相比于电影和电视剧等长视频，更适合表达轻松、娱乐的内容。此外，娱乐化的内容能够被更快地传播。而较短的视频则更适合在社交场景中传播，作为一种传播途径虚拟社交网则比普通传播途径覆盖范围更广且传播效率更高。

1. 泛娱乐的滥觞

尼克·波兹曼认为，电视中所有内容都可以以娱乐的方式表现出来，如今的微视频也把娱乐化当做可以表现一切内容的方式。

20 世纪 60 年代以来，后现代主义思潮涌现。后现代作品更倾向于打破求同的稳定模式，而强调差异的不稳定模式即多元式的话语异质。不再强求故事、结构与电影文本内在表达的至全至美和接受共鸣，转而更宽容地面对影片各层面的断裂、局限、矛盾与不稳定性。越来越多的恶搞经典与传统作品涌现并广受欢迎。

网络微视频的主要传播路径是：由非主流媒体（自媒体和普通网民）上传，网友接收信息然后分享传播，二级网友再接收再分享，接着延续，最终达到螺旋式传播的效果。而为了刺激网友接收并分享信息，网络微视频的制作者倾向于对视频进行娱乐化包装，或者视频本身就为娱乐恶搞内容，这就导致了网络微视频的娱乐性泛滥。

最初在互联网上广泛流行的微视频就是娱乐恶搞类视频，如 2006 年初火爆网络的《一个馒头引发的血案》，就是对电影《无极》的恶搞。而2015 年 8 月开始流行的短视频 APP 小咖秀的燃点，也来自娱乐圈名人在各主流媒体平台上发布的搞怪娱乐视频。作为微视频的集散地，微博上很少能够看到严肃话题的视频内容，看到更多的是娱乐性的视频。首先，在现在的社会环境下，大多数人不愿意"自找没趣"地转发严肃性的话题。以近一个月的微博热门话题为例，排名靠前的热门话题都是娱乐性质的。其次，相比于严肃性的话题，人们却更愿意讨论娱乐性的话题。这也就是为什么娱乐性话题的评论往往更多，为什么某明星的微博评论量能够打破世界吉尼斯纪录。除此之外，面对高压的媒体管制，大多数人不愿意以身犯险，去触碰政策的红线。

在西方国家，微视频主要有两大功用：一是娱乐大众，满足传者与受众的心理需求；二是承载公民新闻的传播，使公民可以参与国家和社会治理。而国内视频软件的发展方向是朝着强化大众的娱乐，弱化甚至忽视社会治理。微视频发布平台如今的面貌是这样一个地方：一群个体以近乎自恋的方式不断诉说，与此相对应；另一群个体，则以近乎把玩的方式随时倾听。小咖秀的现象级的火爆更证明了在微视频领域"娱乐精神"的胜利与公民新闻平台的消逝。微视频的制作者在选题生产的过程中，往往依据的原则不再是真实、新鲜等新闻专业理论，以及媒介组织的意识形态旨趣，而是信息是否符合个人的价值与兴趣，能否获取个人眼球和注意。

2. 非理性的网络炒作

网络微视频的散播方式主要为"人肉"筛选、"人肉"传播。以每个网友作为一个传播节点，进行筛选和传播，这种传播方式依靠的是人际和社交，因此可以看到微博、微信和分享型视频网站是网络微视频的集散地。网络微视频以其短平快，方便观看和方便通过社交媒体传播的特点，可以满足人们的社交需求。社交性更加剧了微视频内容的娱乐化，使微视频沦为"快餐文化"的一部分。此外，还导致了微视频环境的缺乏理性，许多社会问题随之暴露出来。例如，助长了网络炒作和网络造谣事件的出现，增加了网络空间管理的难度。

一方面，微视频内容严重的娱乐化泛滥，且内容种类多样；另一方面，微视频传播依靠虚拟世界的社交网络，且每部微视频同时分布在各个社交平台上。社交网络喜欢传播娱乐性质的微视频，微视频的制作者为刺激传播倾向于生产娱乐性质的微视频，最终可能会形成恶性循环，严肃而富有意义的内容很容易被驱逐和淘汰出网络微视频领域。这种现象似乎比想象得还要严重，一些严肃的官方媒体开始尝试用恶搞的方式进行宣传，这势必会弱化受众的媒介素养，降低人们的思考和批判能力。

结　语

通过对网络微视频发展的分析，我们看到，目前网络微视频发展在国内还处于起步阶段，各种微视频应用仍在成长期，微视频内容也处于"各领风骚三五天"的状态。这种短、平、快的网络快餐文化将如何发展，如何将网络微视频与社会治理联系起来，如何利用网络微视频提高民众媒介素养，这些还需要专业媒体人士的努力，也需要我们学界的专家和学者深入思考。相信随着社交网络的发展，网络理性会慢慢占据主流，我们也能看到更多优秀的网络微视频作品。

参考文献

［1］尼克·波兹曼.娱乐至死［M］. 北京:中信出版社,2015.

［2］苏岩. 微视频发展历史研究［J］. 软件导刊,2011(11).

［3］刘飞. 网络微视频研究［D］. 长沙:湖南大学,2012.

［4］田中阳,肖睿.对微视频个体表达的传播学解读［D］. 长沙:湖南师范大学,2010.

［5］戴景丽. 微视频的内容定位与盈利模式［D］. 上海:上海师范大学,2013.

［6］张睿. 手机微视频应用内容定位和传播学策略研究［D］. 北京:北京印刷学院,2014.

［7］李本全. 病毒式网络视频应用价值研究［D］. 武汉:湖北工业大学,2012.

［8］谢菁. 微视频的现状研究［D］. 济南:山东师范大学,2013.

［9］张佰娟. 论微视频的个体表达及其文化意义［D］. 长春:东北师范大学,2008.

新工业革命类图书策划与营销经验

坚喜斌　陈　璐

（机械工业出版社　北京印刷学院）

【摘　要】当前，我国正处于从制造业价值链低端向中高端、从制造大国向制造强国、从"中国制造"向"中国创造"转变的关键历史时期。德国、美国和日本都分别推出了各自的工业领域的战略规划。作为出版人，如何将这些新工业革命的技术、趋势介绍给广大的读者，借助中国制造业的转型升级出版新工业革命的相关图书，助力我国工业的发展，也是我们的使命。文章从新工业革命图书如何进行选题切入、如何进行资源整合等多个角度进行论述，以期形成一定的操作模式。

【关键字】工业；策划；营销

国际金融危机之后，世界经济格局发生了调整，各个国家纷纷将未来经济增长的目光投向工业领域。随着新技术的不断发展，各个国家和机构纷纷提出了振兴工业的战略规划，如美国的"工业互联网"、德国的"工业4.0"、日本的"机器人新战略"和中国的"中国制造2025"等。虽然，各个国家所提出的战略规划不尽相同，但是都是基于新一轮工业革命这个大背景下所展开的。故此，我们积极着手策划和开发一系列关于新工业革命的图书，通过介绍新的战略规划、新技术和新产业，以期能够帮助更多的人了解和认识新一轮的工业革命。

自 2013 年，我们在新工业革命这条图书产品线上出版了国内第一本《工业 4.0：即将来袭的第四次工业革命》之后，在工业领域和图书业界都产生了巨大的影响，该书曾一度长踞各家网店和地面店的图书畅销榜榜首，图书销量也随着不断宣传和工业领域对"工业 4.0"的持续关注而上涨。紧跟第一本《工业 4.0》之后，我们又出版了《工业 4.0（实践版）》和《工业 4.0（图解版）》，使得我们有关工业 4.0 的图书在市场上有了一定的影响力，伴随着第一本书的销售火爆的势头，这几本书也都水涨船高，同时在业界也赢得了广泛的好评。为此，我们陆续根据这条产品线，开发了诸如《工业大数据》《中国制造 2025》《机器人革命》等方面的图书，以期在产品的多元化和体系性方面有所成型。主要有以下五点：有关新工业革命领域图书的一些策划与影响经验。

一、敏锐的出版意识

作为策划编辑，在进行新工业革命类图书策划时，必须具有高度的社会责任感，重视图书选题的社会效益，走专业化与大众化结合的道路。在实际工作中，必须始终密切关注工业领域的行业动态，发现并捕捉有价值的行业信息，以便及时了解和把握工业领域的热门、新兴和前沿领域，积累更多选题信息和资源。

二、准确地把脉行业

2013 年，在德国工程院、弗劳恩霍夫协会、西门子等德国学术界和产业界（包括西门子、博世、ABB、戴姆勒、宝马、巴斯夫、英飞凌、SAP、蒂森克虏伯、通快和蔡司等）的建议下，在汉诺威工业博览会上，德国正式提出"工业 4.0"，即第四次工业革命这一概念。德国政府将工业 4.0 纳入《高技术战略 2020》中，工业 4.0 正式成为一项国家战略。

2014 年，李克强总理访问德国期间，中德双方发表了《中德合作行动纲要：共塑创新》，宣布两国将展开工业 4.0 合作，中国工信部、科技部和德国联邦经济和能源部、联邦教研部将建立工业 4.0 对话。为两国企业在该领域开展自愿、平等的互利合作搭建平台。中德两国还将在标准问题上紧密合作，将工业 4.0 议题纳入中德标准化合作委员会。电动汽车、高能效智慧能源控制、智慧家居、供水及污水处理都是两国共同关注的未来领域。

2015 年，两会上李克强总理的《政府工作报告》中包含了"中国制造2025"规划。该规划提出了我国制造强国建设三个十年的"三步走"战略，是第一个十年的行动纲领。而借鉴德国工业 4.0 计划，是"中国制造 2025"的既定方略。"中国制造 2025"与德国工业 4.0 有很多相同之处。从时间上看，德国实现工业 4.0 大概需要 8-10 年，和"中国制造 2025"大体在同一个时间段；从内容上看，德国工业 4.0 和作为"中国制造 2025"主要内容的"工业化和信息化深度融合"有异曲同工之处。

三、持续的跟进热点

从 2013 年起，我们开始关注有关工业 4.0、工业互联网、中国制造2025 等前沿概念的最新发展动向。在此期间，国家对制造业借由自动化、智能化、网络化、服务化等途径转型升级的重视也与日俱增。

自 2014 年起，我们先后策划并组织出版了一系列相关领域的重点专著。其中，包括国内第一部"工业 4.0"专业著作《工业 4.0：即将来袭的第四次工业革命》，首次系统而全面地为广大读者介绍了工业 4.0 的概念体系、技术基础、具体应用和价值创造模式；系统介绍人形机器人行业发展和未来展望的、第一部人形机器人权威专著《机器人革命：即将到来的机器人时代》，为读者展示了一幅人工智能无处不在、无所不能的未来机器人产业壮丽前景；以及国内第一部从实践角度全面解析工业 4.0 的重点新书《工业 4.0（实践版）：开启未来工业的新模式、新策略和新思维》，在第一本

《工业 4.0》的基础上以更重实际、更接地气的形式为读者深度解析第四次工业革命下的未来工作形态；开发了国内第一本解读"中国制造 2025"的图书《中国制造 2025 解读》；策划了全球第一本《工业大数据：工业 4.0 时代的工业转型与价值创造》等。

四、优质的作者资源

对新工业革命类图书而言，优秀作者极端重要。所谓优秀，不仅指作者的专业水平，也指作者在行业内的影响力和受承认程度。新工业革命类大众图书的作者必须本身就是某一领域的权威人士，在行业内和市场中都得到高度认可；必须具有高深的理论知识和丰富的实践经验。因此，寻找、争取并经营高水平的专业作者团队，是这类选题能否出彩的命脉所在。

自 2013 年涉足新工业革命类图书选题策划以来，我们广泛接触业内专业权威人士，并积累了一批相当有影响力的高级作者。如《工业大数据》的作者、美国辛辛拉提大学李杰教授、《中国制造 2025 解读》作者王喜文博士、"智能制造大讲堂"的曾玉波老师、工业 4.0 研究院的胡权院长，等等。通过与这些专家、学者的接触，逐渐形成新工业革命类图书的产品群，并逐渐深入到这个领域的圈子中去。

五、多元化的营销保障

新工业革命类图书较强的专业性、应用性特征，使得"应景"的营销渠道对图书的销售而言尤为重要。在相关行业从业者较为集中的各类会议、论坛、展览等活动中进行宣传，能够有效提升在专业圈子里特定图书的曝光率和认知度。与微信公众账号、群与讨论组等在线平台结合使用，有助于积累"粉丝"，营造针对性强、需求度高的潜在消费氛围。自 2014 年以来，我们建立了若干新工业革命相关的微信公众账号和讨论群，定期发布有较强吸引力的行业信息，并在群中开展新书预售、转载赠书等活动，不断扩大粉丝群体、推广全新图书。

除此以外，我们组织了诸如工业 4.0 高峰论坛、新智能时代论坛等活动，并邀请了诸如中科院复杂系统管理与控制国家重点实验室的王飞跃教授、阿里巴巴集团副总裁高红冰等名家与会并发表演讲，针对性地满足了与会者对相关领域前沿话题进行关注和了解的需求，并对粉丝的积累和新书的宣传都起到了立竿见影的作用。在此类新营销手段运用的同时，我们还特别重视开展地面店的营销工作，不断策划各种营销和促销活动，以期通过持续不断的各种营销手段使得新工业革命类图书受到读者的肯定和市场的认可，实现社会价值和市场价值的双赢。

新媒体环境下企业公关与营销现状分析

魏雨童

（北京印刷学院，北京 102600）

【摘 要】2015 中国新媒体传播学年会上提出，随着移动互联技术的进一步的爆炸性发展，新媒体的普及与应用已经超过了电视、报纸和杂志等传统媒体。被认为 Web 2.0 典型代表的微博已经逐渐让步于微信、移动 APP 等移动媒体，不仅如此，自媒体的发展使"人人都成为媒体"。成为"所有人对所有人"的传播。媒体公关一直与营销思维密不可分，尤其是随着新媒体的迅速发展，传播过程呈现出新的交互性、个性化和社交化等特点，不断影响当下的舆论的生态环境。企业作为市场的主体之一，对公关营销的需求越来越强烈，同时选择运用新媒体的方式进行公关营销。未来，企业媒体公关的营销思维也应充分利用互联网思维，顺应变革，积极创新公关营销的方式方法。

【关键字】新媒体；年会；企业公关；公关营销

随着移动互联技术的进一步的爆炸性发展，新媒体的普及与应用已经超过了电视、报纸和杂志等传统媒体。被认为 Web 2.0 典型代表的微博已经逐渐让步于微信、移动 APP 等移动媒体。不仅如此，自媒体的发展使"人人都成为媒体"，成为"所有人对所有人"的传播。各企业顺应媒体发展的潮流，将更多的新媒体公关方式纳入已有的公关体系中，并广泛运用新媒体进行公关营销，并在危机公关时第一时间用新媒体发表声明、态度等。甚至还有一些企业，使用新媒体的频率远远高于传统媒体。

传统媒体的公信力毋庸置疑，但是随着新媒体地位的提升，公众对于微博、微信公众号、企业 APP 的关注使得信息来源更快、更新、更广，这更符合公众的需求和用户体验，因此新媒体的公信力也在公众的信任中逐渐建立起来。新媒体具有传统媒体所不可比拟的公关优越性：交互性与即时性、海量性与共享性、多媒体与超文本、个性化与社群化。这些优越性使新媒体颠覆了传统公关营销规则，更开创了公关营销的新局面。在新媒体驱动下，公关营销规则发生了一些方向性甚至本质化的改变。

所谓公关营销，是指以公关为主要工具的营销，以公关为导向的宣传推广，以树立企业良好形象为目标，以建立与公众间双向信息传播沟通为本质。它包括调查、了解和搜集公众的有关信息和评价，提供公众所需的优良产品和优质的服务，协调企业周遭的关系和环境，积极主动投入公益和赞助事业中，从而扩大企业的知名度和美誉度，赢得消费者的良好口碑，稳固企业的良好形象。①

二、媒体公关营销的发展历程

首先，媒体公关营销体现了单一传统的公关模式。企业多采用传统的公关模式，以公关原则为标准，进行企业形象营销。在符合新闻规律下，拓宽媒体渠道，通过制定有效的沟通策划，与媒体与采编人员等形成良好的关系；组织媒体发稿、举办新闻发布会和相关的公关活动等，提供企业的正面信息，并将其传达给企业的客户与受众，提升企业的形象与知名度。

新媒体的发展直接推动了媒体公关的进一步升级。媒体公关与媒体利用之间的关系也从单纯的企业形象塑造上升为利用媒体进行产品营销、产

① 张毅.新媒体语境下的企业公关营销战略研究[J].青春岁月,2013(22):162-163.

品传播、社会公益等。其中，对于产品的营销投入程度增加。企业通过微博等方式发布活动信息、软广宣传、论坛推广等方式加大了营销的效果。基本上这个阶段媒体公关营销已经进入了成熟的模式。

当下随着移动互联技术的发展，新的媒体公关营销方式也在进一步更新。除了与传统媒体的合作之外，还可利用微信公众号和 APP 等，进行全方位、多层次的企业营销。这其中包括对企业形象、产品定位、企业品牌、合作方等方面的营销。而这种模式对于公关公司也是一种整合，传统意义上的公关公司已经内化为企业内部重要的营销策划部门，这对于企业平台的打造与宣传比传统意义上更有效果与优势。另外，这种全方位的营销，使得在与企业用户的交往中互动性增强，提高了产品的知名度和用户的黏度。交互式媒体的优势在于渠道多，受众覆盖面广，可整合和吸引更多的关注，线上产品的销量也会增长，弥补了传统渠道的不足。总体上来说，新媒体公关营销也进入了数字化时代。

三、新媒体环境下企业公关营销的战略分析

企业营销和产品营销的创新，核心是为了给消费者提供公信力高的传播平台，迎合消费者的兴趣，从而提高企业的效益。广告是单向传播，公关则是有互动的双向传播，通过一系列的公关营销行为，引导消费者的消费行为。在新媒体环境下，新媒体传播方式的变革，让公关营销更容易收获效果，这与新媒体的属性是分不开的。

（一）利用新媒体，提高危机公关的预警和主动性

随着舆论环境的变化，负面信息更容易引起受众的注意，远远比正面信息传播的速度快。然而就传播效果来说，往往也是负面信息造成的影响更大一些。然而在传统媒体时代下，对于负面信息的报道，企业总是措手不及，被动地接受负面效果，错过最佳澄清时机，消息滞后。

毋庸置疑，良好的公众舆论环境是企业营销的核心，因此对于危机公关要有一套应对措施。自从 2008 年"蒙牛三聚氰胺事件"之后，危机公关的重要性才逐渐被广大企业所认识，各大企业也加强了对危机公关的应对，并有了一套较为成熟的处理机制。然而随着新媒体的利用，可以对危机公关作出更早的预警，第一时间作出回应。

当一个企业出现危机公关事件，可以通过微博、微信、APP 平台第一时间发布通稿，回应事件。尤其前两种新媒体的互动性，可以第一时间受到受众的反馈。之后，可根据这些反馈定义危机公关的级别，越高级别越需要投入精力和策略去挽回企业形象。在度过危机之后，还需要通过微博、微信的数据流量等进行测评危机对于企业的影响损益程度。利用新媒体的速度来弥补传统媒体滞后性的问题，在最佳时间段内消除一定的影响，再用传统媒体深入报道、权威性高的特点深入解读危机事件，形成全方位的危机应对体系。

危机发生之后，除了运用以上的新媒体外，企业公关还应遵循公关 5S 原则，即勇于承担责任（shoulder the matter）、真诚沟通（sincerity）、速度第一（speed）、系统运行（system）、权威证实（standard）。

（二）利用新媒体，迎合消费者的兴趣点，提升消费者对品牌好感度

新媒体的特点在于互动性、数字化、个性化和复合化传播等。企业公关在进行营销的过程中，如果是直接对产品进行营销，势必会目的性太强且语言生硬，这对于已经习惯于互联网媒体的受众来说接受程度低。

相较于传统媒体下的公关营销，如今新媒体环境下的受众呈现出分众化现象，往往集中体现于某几种特质，且同质化程度高。受众已经不再是"应击而倒的靶子"，"魔弹论"的理论已经不再适用。根据受众态度的变化，企业更应利用新媒体来进行营销。对于这种特定的受众群，企业应该

进行针对性的分析。尤其在大数据思维影响下，更需要企业广泛收集受众的兴趣数据，深度挖掘和分析受众特点与行为价值选择。在数据的支持下，将"片面化"的兴趣与价值取向转换为公关营销"标签化"的方向，迎合消费者的这种兴趣，先让其感到满足，随后在潜移默化之间引导受众，再进行有效果的营销。

（三）利用"意见领袖"的权威，做好公关口碑营销

口碑是企业最宝贵的无形资产，口碑营销是指企业在品牌建立过程中，通过客户间的相互交流将自己的产品信息或者品牌传播开来，这是企业提高品牌形象的重要途径之一。

在新媒体环境下，企业借助主流意见领袖、大 V 用户的影响力，创建自媒体平台；或直接发布在新媒体平台上，开辟话题，引起关注。一方面，企业自身的受众会跟随"意见领袖"的意见，形成更加巩固的关系；另一方面，通过"意见领袖"和大 V 的宣传，可能会将其本身的受众分流一部分到企业，形成潜在的受众。这样受众的黏度增加，且会扩大受众群，对企业的长远营销来看，是很有帮助的。

此外，"意见领袖"和大 V 贡献了丰富的资讯，让公众有机会在各个新媒体平台关注和讨论产品、评论服务和分享信息，提供最有说服力的产品信息、品牌理念和使用体验，让受众得到产品之外独具个性的附加价值。

这种利用意见领袖的权威，也可以看做"借势"，在如今移动互联时代，关注度和注意力本身就是一种经济。无论是"意见领袖"，还是企业，这种合作其实是共赢，对于企业来说是口碑品牌，对于"意见领袖"是持续的曝光。

四、新媒体环境下企业公关营销的创新思路

随着移动互联技术的发展，产业间的边际差异正在逐渐缩小，正在往

多产业互相融合、影响和发展的趋势变革。下一个时代毫无疑问将是大互通的物联时代。"互联网思维"一词便成为热门话题，从金融到地产，从电商到物流，这一词汇已经成为各个行业的热词，如何利用互联网思维去创新、变革和颠覆行业，也成了各行的关注点。互联网思维，从字面上看，最直接的涵义就是它是一种思考问题的方式，是一种商业思考的态度。它不局限于互联网行业，更不局限于某一种单一的思维，反而是一种系统性的商业思维，并适用于所有的行业和企业。更具体地来说，互联网思维是在移动互联网、大数据和云计算等科技不断发展的背景下，企业对市场、用户、产品、企业价值链，乃至整个商业生态而进行的重新审视的思考方式。

企业公关也不例外，利用互联网思维去洞察新媒体公关营销的发展趋势，不断学习新媒体的公关方法，适应新媒体的特性，用新理念实现营销思维的与时俱进。当下正是媒体变革的重要时期，新媒体环境下公关营销的手段也更加丰富。HTML5 技术的普及，消费者明显对这种方式的参与度增高，企业公关团队可以考虑在公众号中推送优秀的 HTML5 的创意文案，其互动性、易玩性、分享性、及时性等特点可以迅速集中注意力，发展潜在和巩固消费者群体。然而需要注意的是，这种方式的传播周期最长为 15 天，因此需要短时间内集中资源实现效果最大化。

此外，除了追求企业产品的极致之外，也应借助 DSP/DMP 等平台，对数据进行实时监控和收集。在大数据营销时代下，没有什么比数据更为重要的。一个企业对产品用户的特性、兴趣点、购买习惯、访问流量等行为进行量化，建立完备的数据库，有利于未来的后续开发、营销产品等行为。

打造价值体系是创新营销的核心。出色的品牌理念虽然无形，却能够整合跨媒体、地域和文化的信息。它依然是消费者忠诚度、高效率媒体投放，以及整体运营的关键所在。引用这种传播的策略与信息加工的能力，其本身也是媒体内容与生产流程的核心能力之一，因此未来的企业公关从业人员与媒体从业人员是具有交叉关系的。未来的公关从业人员，若了解媒体的运行机制、内容生产流程、传播的技巧等，将更加有利于工作的展开。

　　总体来说，企业公关营销越来越与新媒体紧密相关，无论是对于新媒体本身特点的掌握，还是对新媒体传播与运行机制的运用，新媒体都将成为企业公关环节中绕不开的一环。未来的传媒业会渗透到各个行业，而公关也会因传媒而改变。

参考文献

[1] 庞亚辉,张一诺.新媒体时代的六大媒体公关策略[J].公关世界,2013(11).

[2] 忻瑞.开创网媒营销新模式[J].名人传记(财富人物),2014(9).

[3] 张涛,童帅.泛媒时代突发性事件中的媒体公关探究[J].新闻传播,2013(6):
　　268-269.

[4] 贺英.媒体公关3.0时代营销模式的创新思路研究[J].新闻知识,2015(4):100-101.

新媒体环境下娱乐类微信公众号品牌建设——以腾讯娱乐为例

杨一平

(北京印刷学院，北京 102600)

【摘 要】微信公众号平台自推出以来，大量的品牌和个人涌入，竞争日趋白热化，特别是企业公众号之间的竞争。微信覆盖面的扩大使公众号成为微信用户在移动端的一个重要信息接入口。公众号竞争的对象是用户，而如何吸引用户，扩大自己的影响力，除了利用营销推广手段或平台优势之外，更重要的是，需要优质内容建设作为支撑点。文章以腾讯娱乐微信公众号为研究对象，参考传播学的"意见领袖"和使用与满足理论，对其品牌公众号运营内容进行梳理。通过分析可以看到，娱乐类微信公众号，使用自定义菜单栏、创新内容编排分享、分析发送时间数据、增强服务互动，是提升公众号影响力的较快途径。

【关键字】新媒体；微信公众号；腾讯娱乐；品牌建设

微信作为新媒体大军中的佼佼者，发展迅猛。至 2015 年 6 月 30 日，微信及 WeChat 的合并月活跃账户已累积突破 6 亿大关。① 2015 年 4 月 20 日，由中国新闻出版研究院组织实施的"第十二次全国国民阅读调查成果"在京发布。对微信使用情况的考察发现，有 34.4%的成年国民在 2014 年进行

---

① 腾讯网.2015 中期报告［EB/OL］.（2015-08-11）［2015-11-20］. http://www.tencent.com/zh-cn/ir/reports.shtml.

过微信阅读。在手机阅读接触者中，超过六成的人（66.4%）进行过微信阅读。[①] 这一数据表明，微信阅读在移动阅读中占有过半的比重，而微信公众号所提供的可阅读信息量又占据了其中大部分比重。众多互联网企业或个人开始将目光投向微信，把其作为活动聚集地，纷纷创办自己的微信公众号，利用其自身特点和微信社交的优势，来扩大自己的品牌或个人影响力。娱乐类微信公众号运营背靠着"泛娱乐化"的大背景，它是如何吸引受众、与受众互动，进而扩大自己的品牌影响力？本文选取腾讯娱乐的微信公众号作为研究对象，分析其如何通过菜单栏设置、内容搭建和推送时间、数量选择三个维度来搭建与用户间的强关系，提升自己的品牌形象。样本主要选取 2015 年 11 月 1 日—11 月 15 日的推送内容。

　　腾讯娱乐微信公众号根据运营机构的类别来划分，它属于网络媒体类。不同于传统媒体的是，它一开始就依托于门户网站这类优势新媒体而生。其内容大多来源于腾讯网娱乐频道，同时整合了腾讯网的综艺、电影等资源。按照内容来分，其属于娱乐休闲类，推送的内容紧紧围绕娱乐资讯。按照服务对象分，公众号可以分为订阅号、服务号和企业号三类。订阅号为媒体和个人提供了一种新的信息传播方式，构建与读者之间更好的沟通与管理模式，适用于个人和组织；服务号给企业和组织提供更强大的业务服务与用户管理能力，帮助企业快速实现全新的公众号服务平台，不适用于个人。[②] 二者区别于推送数量、时间和服务对象。腾讯娱乐微信公众号属于订阅号，每天均可推送信息。

　　腾讯娱乐在微信平台具有绝对的宣传优势，与其他同属娱乐类微信公众号（例如，新浪娱乐、乐视娱乐、搜狐娱乐、网易娱乐等）相比遥遥领先。这体现在关注人数、阅读量等，特别是在日阅读量这一指标上。作为

---

① 息慧娇.第十二次全国国民阅读调查数据在京发布[EB/OL].（2015-04-20）[2015-10-15].http://www.chuban.cc/yw/201504/t20150420_165698.html.

② 殷义芝.对微信公众号及微信公众平台功能的探究[J].计算机技术与信息工程,2015(8):93-97.

订阅号，每天只可以群发一条消息，可以是图文结合或单图单文。根据对腾讯娱乐公众号样本时间内的推送数据分析，日均推送次数为两次，仅有个别天数推送了一次内容，且日推送阅读量皆过万，见图1。以多项指标作为衡量，腾讯娱乐微信公众号均具有一定代表性。

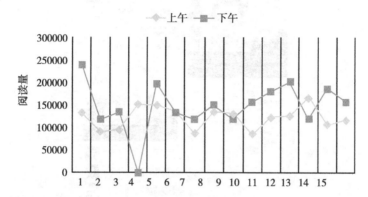

图1　腾讯娱乐微信公众号日阅读量（2015 年 11 月 1 日—11 月 15 日）

一、自定义菜单栏设置清晰

除了文章推送外，微信公众号的菜单栏功能在最初是为"服务号"服务的，后慢慢普及至所有的公众号，包括个人公众号。在腾讯娱乐公众号的页面中，菜单栏共被分为三个板块，分别是"明星微站""看什么"和"独家栏目"，其中每一板块各下属四小板块，见图2。

"明星微站"栏，单从名字上来看就可知其服务于"粉丝"。第一个小版块"玩转微站"，根据其自身描述，微站即微信小站，集合了行程、美图、视频和微视等内容功能，加入了互动玩法，明星或可空降微社区、直播室和粉丝热聊。但这一板块仅介绍了内容，并没有提供微站入口。微站明星汇，提供了 62 位艺人的微站入口，分为演员和歌手两大类。通过这一板块可以直通明星个人微站，方便粉丝追踪其动态。"今日之星"和"一周人气"板块长时间未更新，截止本论文完成时，"一周人气"板块最新的更新时间为 2015 年 3 月 11 日。

图 2　腾讯娱乐微信公众号界面

"看什么"栏，作为整合资源板块，分为"综艺看什么""电影看什么""电视看什么"和"猜你喜欢"四小板块，前三者有 H5 页面作为承接，"猜你喜欢"板块数据缺失。综艺、电影和电视与娱乐内容相关度很高的，将四者结合起来可以便于用户快速寻找到与明星相关的其他资讯，提升对腾讯视频品牌的整体化认知。但作为一个常用板块，仅有"电影看什么"在更新，综艺和电视的内容还停留在 2015 年 7 月。

"独家栏目"栏，分为五个板块，分别是四档节目和"更多"项，其所链接的是腾讯新闻对应专题页。

综上所述，腾讯娱乐公众号的菜单栏为用户提供了明星资讯、视频和深度娱乐新闻的接口，其所承担的功能并不是单个新闻点的传播，而是包含了腾讯品牌的整体化运营理念，将腾讯的多种业务，例如腾讯视频和腾讯新闻，融入微信运营之中。这样既满足了用户对多种类资讯的需要，也可培养受众的使用习惯，增强受众黏度，实现多平台的融合。

二、内容搭建多样化

1. 融合了多种媒体终端

在腾讯娱乐微信公众号推送的消息中，几乎都插入了可在线观看的相关视频，而且不用下载插件。娱乐类新闻经常会配有图片和音乐，而这种视频加文字的方式满足了受众不同的信息接收方式，用户可以根据现有条件用各种方式观看内容，同时打破了电视、PC 和移动终端不同媒介的界限，提供了信息的立体展现形式，实现了传播渠道的融合。

2. 固定栏目加盟培养阅读习惯

在样本数据期间，共出现有"存照""娱乐观""封面人物""懂小姐"四个主题栏目。此外，还有"公子看剧""小川补刀"等分属于"大拿集中营"的栏目。这些栏目内容是腾讯娱乐的独家原创内容，由约稿作者和站内记者主笔撰写，在腾讯网娱乐频道都有其入口。其中"封面人物"各期均会得到微信推荐，其他内容虽然更新频次高，但只有话题性高的内容，会得到推荐。这种专题栏目推送的形式，特别是"封面人物"，有固定时间点推送，能够培养受众对内容的期待，从而得到较为稳定的受众群体。而其它原创评论类文章，虽然是作者的独家见解，但也为用户提供了娱乐内容的多度视角，扩大了问题的讨论空间。

3. H5 页面增色添彩

H5 网页，全称为 HTML5 网页，是普通网页 HTML4 的升级版。现在普通的网页一般是 HTML4 版本，HTML5 网页可以产生类似 Flash 动画的效果，能直接在手机平板等终端浏览器运行。[①] 微信公众号主要的阅读行为是在移

---

① 罗勋湖.微信公众号新闻内容的编辑策略[J]. 新闻研究导论,2015(7):143-144.

动端进行的，H5 页面的出现也迎合了这一趋势。腾讯娱乐在自定义菜单栏的多个承接也都使用了 H5 页面，它有以下的三个优势：一是作为娱乐类公众号，娱乐新闻不同于严肃新闻和一般的深度报道，在继承传统新闻叙事模式的同时，为了引人注意，需要以丰富的图文形式刺激感官，或辅以音乐营造娱乐氛围。H5 页面正好迎合了这种娱乐需求，其重视以图片来推动新闻故事的进程。二是浏览便捷，用微信即可打开，不用下载特定的插件。三是 H5 网页制作的新闻，能提高用户的参与感，促成用户自主分享，带来点击率。但 H5 页面有制作周期较长的问题，而且需要既懂新闻又掌握网页技术的人才。

4. 内容分享无障碍化

在技术层面，微信公众号分享与微信、QQ 等平台无限制链接，实现了内容的多向传播。一键分享功能可以将公众号的推送内容发送给个人、群组、朋友圈和 QQ 中的好友和空间等，简单、易操作，可实现多方共享。并且还可以登录 PC 版，不仅使不同社交平台联动起来，也将不同终端连在一起，实现多端同享。在分享信息的过程中，公众号本身作为"把关人"将内容筛选提炼推送给受众，也培养了新的"意见领袖"为其服务。意见领袖，是两级传播理论中的重要概念，最早是由拉扎斯菲尔德等人在《人民的选择》一书中提出的概念。在传播学中，活跃在人际传播网络中，经常为他人提供信息、观点和建议，并对他人施加个人影响的人物，称为"意见领袖"。① 这一概念不仅仅适用于传统传播领域，也适用于互联网传播。微信和微博中都存在各个领域的意见领袖，但微信相比微博来说属于强社交关系，它所传递的品牌信息，经过强关系社交，由"意见领袖"传达给真实的朋友们，会带来更高的可信度和认可度。这一传达过程就体现在用户的主动分享行为，而技术为实现分享提供了便利。

---

① 郭庆光.传播学教程[M].北京:中国人民大学出版社,2012:189-190.

三、推送时间和数量设置适宜

　　腾讯娱乐微信公众号一天可以推送两次，推送的内容可以是语音、文字、图片、视频和图文信息，以图文信息为主。在 2015 年 11 月 1 日—11月 15 日这 15 天时间内，均推送内容两次，分上午和下午，只有 11 月 4 日单日推送了一次。从推送的时间来看，10 点—11 点，18 点—20 点，推送频次最高，分别为 8 次和 9 次；从每次推送的数量上来看，集中于每次 4 条信息，日均 8 ~9 条。如图 1 所示，微信公众号推送的文章阅读量均过万，除去 11 月 4 日当天下午没有推送新的内容以外，其余 14 天内，有 11 天下午推送内容的累积阅读量高于上午。

　　因为微信文章的阅读量决定了用户忠诚度、用户黏度等重要分析指标，所以阅读量也成为衡量公众号编辑运营能力的重要考核指标。选择何时推送能够得到更多的点击和获得主动分享机会，也成为编辑需要考虑的问题。首先，微信公众号的编辑，不仅可以编排推送新闻的顺序，也可以在推送时间上进行取舍。结合数据，除去内容是否能够吸引到受众这一主观因素，下午推送的文章可能会得到更多的关注。在下午时段内推送微信文章能够明显提高文章阅读量，这可能与受众接受信息的方便程度和活跃程度有关。编辑在进行内容取舍时可以着重注意下午时段，特别是单日只能推送一次内容的公众号。其次，在发送微信文章的同时，需要将推送文章的时间固定在某一时间点，不宜有较大的变动。这样做不仅能够把握用户接收的活跃时间点，久而久之也能够重塑粉丝在同一时间段内的阅读习惯。

　　综上所述，微信为品牌传播提供了一个很好的平台。通过微信公众号，品牌塑造出了自己的品牌形象，并巩固了受众对品牌认知。作为娱乐类公众号中的佼佼者，腾讯娱乐微信公众号在内容和形式上都体现了自己的传播价值。如图 1 所示，微信平台有其大量的数据基础。数据来源于大量的用户基础，如若能充分利用其"大数据"分析和前台的例如 H5 页面之类的创意展示，成功地吸引用户，就能够产生更大的传播影响。

但是腾讯娱乐公众号在与用户互动和提供服务方面仍有欠缺，表现在其并没有在运营过程中很好地发挥"评论"和"回复功能。仅从页面上来看，首先，虽有留言功能，但留言并没有经过筛选并在文末显示；其次，腾讯娱乐公众号并没有开通自动回复消息。对于微信公众号来说，通过服务来提升用户体验是十分重要的。腾讯娱乐公共号既没有固定关键词回复设置，也做不到人工客服及时回复，粉丝与平台之间难以进行真正的沟通，用户发送的信息甚至得不到回应。良好的用户体验，需要长时间的维护。鉴于腾讯娱乐关注者众多，后台留言和信息数量庞大，或许可以依托现有的编辑人员，设立专门负责互动内容的运营人员，或录用一定传播、营销等专业的大学实习生来参与运营，能够较好地解决现有问题。

参考文献

[1] 周筱洲.餐饮企业基于微信公众平台的品牌传播模式研究——以雕爷牛腩和黄太吉为例[J].品牌营销,2014(8):18-19.

[2] 黄楚新,王丹.餐饮企业基于微信公众平台的品牌传播模式研究——以雕爷牛腩和黄太吉为例[J].新闻与写作,2015(7):5-19.

[3] 殷义芝.对微信公众号及微信公众平台功能的探究[J].计算机技术与信息工程,2015(8):93-97.

[4] 张弥弨.基于网络自媒体平台的品牌传播模式研究 ——以微信公众平台为例[D].厦门:厦门大学,2014.

[5] 黄楚新.基于多平台联动的电视微信公众号研究 ——以"奔跑吧兄弟"微信公众号为例[D].合肥:安徽大学,2015.

真实与陌生：南·戈尔丁"私摄影"叙事研究

常 昕

（北京印刷学院，北京 102600）

【摘 要】文章从故事主题、女性视点和镜头叙事者等层面，对美国当代纪实摄影家南·戈尔丁的摄影叙事特点和内涵进行分析，并将"陌生化"作为贯穿全篇的主线，解析真实镜头下潜在的艺术陌生。戈尔丁的摄影理念、价值判断及其艺术手法也在文中进行了不同向度的阐述。

【关键字】私摄影；陌生化；女性视点；镜头叙事者

南·戈尔丁（Nan Goldin），1953 年出生，是美国当代最著名的纪实摄影家之一。1986 年，随着她的代表作《性依赖叙事曲》的出版，"私摄影"（Personal Photography）一词正式出现，并继新闻摄影、专题摄影、"电影型"摄影之后，成为纪实摄影的一种重要形态。南·戈尔丁也因此被尊为"私摄影鼻祖"。

戈尔丁的拍摄对象通常是那些游走于美国主流社会以外的青年人的生活，不作任何修饰，赤裸裸地展示了一部分美国青年的生活实态。尽管这些边缘青年人的生活在以往的电影、文学作品中均有表现，但戈尔丁从影像叙事的角度对"实态"进行"陌生化"处理，从故事本身到视点选择再到镜头叙事者的利用，其作品创造出一种崭新的气氛，观众带着新奇、带着小心翼翼的态度走近他们原本已知或熟悉的社会现实，进而形成新的叙事接受。

一、关于"陌生化"和戈尔丁的摄影主题

"陌生化"之说源于文学，是俄国形式主义的重要理论观点。"陌生化"原则，志在唤醒人类日渐消失的创造力。形式主义大师什克洛夫斯基认为，普通语言是日常的、司空见惯的、平庸呆滞而毫无生气的，经过"陌生化"的文学语言则清新、奇异，充满活力。"艺术之所以存在为的是恢复人对生活的感觉，为的是使人感觉事物，使石头更像石头。艺术的目的是要人感觉到事物，而不是仅仅知道事物。艺术程序就是使对象陌生化，使形式更复杂，从而增加感觉的难度和时间长度，因为感觉过程本身就是审美目的，必然没法强化。艺术是体验对象的艺术构成的一种方式，而对象本身并不重要。"[1] 按照什克洛夫斯基的看法，文学语言的真谛是"陌生化"。这种在形式上创造出的震撼会使观众脱离惯常的感知方式，重新认识艺术所呈现的对象。

就视觉影像而言，"陌生化"不仅把人们眼前的现实和画面从"时间的刻钟"上剥离开来，而且赋予这些瞬间溜走的实态以艺术可感的表现形式。从《性依赖的叙事曲》一以贯之到《另一个侧面》和《双重生活》等作品集，不难看出南·戈尔丁将更多的关怀力投射到同性恋、异性模仿者、吸毒者等非主流人群，而她所处理的主题也离不开死亡、私生活、（性）爱、孤独等关键词。实际上，类似的叙事本体和主题在此前的艺术作品中已有体现。二十世纪六七十年代嬉皮士文化和颓废派文化盛行时，美国的地下电影、摇滚音乐和文学作品中不乏"反正统"的非主流人群的记录。而戈尔丁则首先尝试用摄影镜头对这些观众并不陌生的艺术对象进行再处理，用自己的方法对人们私生活中的隐秘行为进行揭示。用她自己的话说："我的照片想要弄清楚的是，在每个人自身的现实生活中，包括性爱在内的各

个方面，作为一种实际体验是怎么一回事。"[2]

如果说"'陌生化'的意义是重新恢复形式的'可感觉性'"[3]，那么，以戈尔丁为代表的"私摄影"派别或类型的出现，则意味着人们为"反正统"和私生活等叙事内容找到了一种全新的读解方式，这也恰恰将纪实摄影的外延扩展到一个新的范畴。诚如戈尔丁所言，打破大众文化强加于人的幻想与神话也是非常重要的。

二、女性视点是造就"陌生化"的基石

视点问题关乎文艺作品的创造力和被接受度。"相同的故事会因叙事者观点、权利的不同，以及公正、客观、可靠程度的不同，而产生极大的差异。而且，叙述者的叙述层次、参与故事的程度和被感知的程度，都将决定读者如何理解故事和对故事采取何种态度。"[4]戈尔丁在作品中创造出一种全新且引人注目的样态，并吸引外界重新审视那些似乎已司空见惯的"非正统"的群体。

笔者认为，其中最重要的一环是戈尔丁女性视点的不自觉引入。一方面，戈尔丁自己便是其创作的"模特"和"故事"，她把自己受男友虐待，肉体上被折磨的事拍摄并发表出来。她在展示影像个案的同时，也告诉观众：类似的画面大概每几秒就会在美国社会发生，很多人经历过但绝少人谈及。戈尔丁恰恰是用这种带有极强内向性的视点告诉观众："画面上的人不仅是我，也可能是你。"另一方面，戈尔丁本人也认为，来自自我经验的东西和其作为女性所固有的视点，在很大程度上使画面更细腻、观点更无拘束。"与男性相比，女性不拥有固定僵化的自我意识体系，因此她能够进入他人的精神世界当中去，会注意到事物的暧昧的领域中去。女性的精神构造远比男人复杂得多。因此，真正'自由'的观点是由女性来提供的。"[5]在戈尔丁的作品中，她不厌其烦地表现恋爱中的人们、同性恋和异性模仿者等谜一般的生活，而这些人都是她的朋友，对摄影艺术的追求和

对生活的纪实融洽地对接，于是她镜头里的人物百态是从容的，没有紧张与羞愧。

可以说，戈尔丁首先运用示现的方式，对现实生活进行定格和描述，"富有现场感和现实感的画面符号"促使观众发挥想象力，对既有的体验和认知进行补充、颠覆等。同时，她运用女性独有的内向性视角观照自己和他人生活中最"暧昧"的部分，将一种神秘和陌生引入叙事过程。

三、镜头是叙事者和思想的表达者，是讲述"陌生"的主体

与叙事视点相关的是叙事者的问题，对叙事者的分析也就是探讨谁在发出信息，如何发出信息。文艺作品不同的陈述主体，以及由此带来的特征各异的叙事文本对"陌生化"的实现，具备不同的功能和效力。事实上，摄影机镜头所拍摄的影像是一种较之文字更为感性的符号。影像画面的真实性和可视性使文字阅读包含的理性遭到了剥夺，但也自然融入了叙事者的主观意图和画面情景，一片新的幻想空间由此产生。这意味着，"陌生化"是艺术创作过程中的一种隐性存在，对事实的还原和艺术文本中的陌生感相辅相成。

在戈尔丁的作品中，镜头叙事者是其呈现真实性和"陌生化"永在的叙事主体。她将思想和情感寄托于镜头，镜头和胶片无疑成为戈尔丁各种念想的载体。戈尔丁说："对我来说，拍摄照片是触摸、爱抚我眼前这个人的一种行为，是我特有的表达敬意的一种方式。相机在那种时候就是我的眼睛与手。"研读戈尔丁的作品不难看出，她通常在作品中营造有忧郁感的中间调或低调，善于并热衷选取拍摄对象各种自我释放的瞬间，并常常以快照的形式记录……色彩影调的选取、角度的使用和拍摄时机的选择等，不加掩饰地从她的作品中流露。这些主观色彩，恰是戈尔丁情感和观念的载体。镜头帮助她完成了上述意旨。

同时，戈尔丁所拍摄的人物及其关系在悄然间被文本化和叙事化，并

产生相应的意义，供观者玩味和读取。观众对这些意义的观照其实是对传播者主观意志和无意识的接受。

　　戈尔丁的拍摄主题非正统、不主流，但其作品却没有因为这些关键词而流露出愤世嫉俗或讽刺，也没有追随商业模式融入任何不自然的因素。其作品以女性柔软且自由的视点，经由隐形的镜头叙事者，讲述着戈尔丁所爱的人们生活的细节、隐现的忧郁、悲伤或欲望。戈尔丁说："我将是你生活的一面镜子。"那些平常到被人遗忘的事情，经过她的"陌生化"处理，显现出不一样的色彩。更重要的是，南·戈尔丁揭开了"私摄影"的全新领地，使摄影进入了视点和价值多元的时代。

参考文献

[1] 王一川. 意义的瞬间生成[M]. 济南：山东文艺出版社，1988：296.

[2] 顾铮. 我将是你的镜子——南·戈尔丁谈摄影[J]. 艺术世界，2001(4)：19.

[3] 南帆. 理论的紧张[M]. 上海：上海三联书店，2003：107.

[4] 赵凤翔，吴炜华，薛华. 电视艺术文化学[M]. 北京：中国广播电视出版社，2002：124.

[5] 顾铮. 我将是你的镜子——南·戈尔丁谈摄影[J]. 艺术世界，2001(4)：19.

中国艾滋病题材影视作品的叙事解析
——以健康传播为视角

常 昕

（北京印刷学院，北京 102600）

【摘 要】随着全社会对艾滋病现象认知水平的提高，中国相关影视作品的叙事风格经历了一个渐进的过程：从惊悚式教育片到表达关爱的故事片，再到以反歧视为内在意旨的现实题材艺术片。对相关作品的叙事分析有助于我们对既有创作的传播效力进行反思，并为艾滋病议题的影像表达寻找有效且可持续的理念和手段。这恰是当前艾滋病议题在健康传播视域下亟待求解的一道命题。

【关键字】健康传播；艾滋病议题；叙事解析；陌生化；悲剧与喜剧；健康素养

一、健康传播及其艾滋病议题

健康传播（Health Communication）是近年来在应用传播学领域兴起的一个分支。"健康传播是一种将医学研究成果转化为大众的健康知识，并通过态度和行为的改变，以降低疾病的患病率和死亡率。有效提高一个社区或国家生活质量和健康水准为目的的行为。"[1]美国学者埃弗里特·M. 罗杰斯（Everett M. Rogers）提出的这一说法，是目前较为通行的健康传播的定义之一。罗杰斯提出，健康传播的研究议题是广泛的，既包括以艾滋病预防为"龙头"的疾病预防，还包括药物滥用预防、医患关系研究、计划生育、癌症的早期发展、戒烟等内容。进一步地，健康传播通过自我传播、人际传播、组织传播和大众传播四条普遍意义上的传播路径将上述信息传递出去。

1981 年 6 月 5 日，美国疾病控制中心向世界宣布发现一种新型传染病。1982 年，这种疾病被命名为"获得性免疫缺陷综合征"（AIDS），即艾滋病。艾滋病从此走入人类历史，并且成为威胁人类健康的致命杀手。同时，它也成为健康传播研究中最重要的议题之一。1986 年 10 月 22 日，美国外科医生 Dr. C. Everett. Koop 完成的《外科总医师关于艾滋病的报告》（Surgeon General's Report on AIDS）发表。这是第一篇关于艾滋病问题的实质性报道，这篇 36 页的报告直接驱使了美国大众媒体对艾滋病议题的关注和报道，进而强化了公众对艾滋病毒传播等知识的了解和对自身性健康的保护。这份报告成为美国健康传播发展史上浓重的一笔。

在中国，健康传播应用和研究的大门开启于 20 世纪 80 年代末期。1987 年，在北京举行的全国首届健康教育理论学习研讨会，首次提出了传播学在健康教育中的运用。在此后较长一段时间内，中国的健康传播主要以健康教育项目为依托，内容主要是妇幼保健知识等。

二、艾滋病在中国

1981 年，美国发现世界首例艾滋病病例。四年后，艾滋病毒在中国出现。1985 年，一位美籍阿根廷青年以旅游者的身份进入中国，不久便因发烧、肺部感染住院。在救治这名外籍患者过程中，各种抗感染类药物均没有发挥作用。在随后进行的血清检测中，发现其 HIV 呈阳性。为慎重起见，医院与这名患者的美国私人医生取得联系，得知他确实是一名艾滋病病毒感染者。不久，这名艾滋病患者死亡，其病情与美国最早发现的艾滋病病例完全一致。这是我国医务工作者第一次接触艾滋病，也是艾滋病传给中国的第一个危险信号。

　　1989 年，云南省某州发现 146 例艾滋病感染者，这些人均为吸毒人员。到了 2006 年，这 17 年间，这个州感染艾滋病人数约 2 万，达到总人口的近 2%，感染涉及的人群包括工人、农民、干部、警察和教师。其中，孕产妇占 1% 以上。这 146 名吸毒人员被认为是中国艾滋病的源头。2006 年，北京协和医院在 67 份梅毒血清阳性者的标本中发现一例 HIV 呈阳性，这是我国首例因性接触而被感染的艾滋病患者。1992 年，协和医院又在社会志愿献血人员中发现了艾滋病病毒感染者。

　　根据国家卫计委的统计，我国自 1985 年发现第一例艾滋病病人以来，截至 2014 年 10 月底，报告现存活的艾滋病毒感染者和病人已达 49.7 万例（感染者占 60% 左右），死亡 15.4 万例。从地域上看，靠近"金三角"地带的云南、广西因经历过毒品犯罪猖獗期，而成为艾滋病血液传播的一大集散地。在广东，由于性文化的开放和色情产业的出现，导致该地区艾滋病性传播占据主导。在近年来外界广泛关注的河南省，二十世纪八九十年代出现的农民"卖血潮"带来了延续性的恶果。上蔡县是河南省艾滋病防治帮扶工作重点县，现症病人数量占全省病人总数的 1/4。在河南省，拥有艾滋病人 100 人以上的重点村为 38 个，而上蔡县就占 22 个。该县现存艾滋病感染者 6035 人，其中人们称为"艾滋病村"的上蔡县文楼村，全村 70% 的人家里有艾滋病人或艾滋病毒携带者。全村共有艾滋病感染者 343 人，其中现症病人 331 人。[2]

　　国家卫计委报告称，全国疫情整体保持低流行状态，但部分地区流行程度较高；经性传播成为主要传播途径，经静脉吸毒和经母婴传播降至较低水平。2014 年 1 月 ~12014 年 10 月，在新报告的艾滋病病毒感染者和病人中，性传播比例超过 90% 的省份超七成，如吉林省高达 99.8%，其同性性传播比例为 75.8%。艾滋病病毒感染者陆续进入发病期，晚期病人死亡增加，艾滋病流行对中国部分地区经济和社会的影响逐渐显现。

三、艾滋病议题在中国影视作品中的表达

20 世纪 80 年代，两部美国电影开启了艾滋病题材影视创作的先河，分别是获得艾美奖最佳编剧奖的一部剧情电影《早霜》（1985 年）和导演比尔·谢尔伍德（Bill Shcrwood）执导的唯一一部电影《离别秋波》（1986年）。与此同时，艾滋病议题逐渐走入社会政治、伦理和人性关怀领域。1988 年 5 月 13 日，世界卫生大会通过了题为《避免针对艾滋病病毒感染者和病人歧视》的决议。随后，许多国家和国际会议通过了大量宪章和宣言，普遍承认了艾滋病病毒感染者的人权。艾滋病题材影视创作和生存的环境大为改善。在此后的二十多年中，艾滋病题材作品的创作理念不断进化，观众对艾滋病领域的观照、对艾滋病群体的认知和态度，渐渐从恐惧走向宽容和关爱，从黑暗和绝望，一步步向明亮进阶。

中国的艾滋病题材影视作品同样经历了观众感到从恐惧和神秘走向持宽容理性态度的过程。

（一）教育和批判——以《艾滋病患者》为代表的早期作品

20 世纪八九十年代，人们对突如其来的艾滋病所知甚少，而大众媒体往往在这一新病种的高传染性和高致命性上做文章，因此，绝大多数中国人当时对艾滋病都怀有莫大的恐惧和歧视性心理。1988 年的电影《艾滋病患者》的叙事表现恰是对人们这种心理的映现。这部电影以一种令人惊惧的方式表现出了艾滋病患者的遭遇：患病的老外死亡，留下与他有过性接触的三位女性的名字。随后，特别调查小组将三位女性逐一找到，其中一位女性最后在恐惧中自焚了。该电影以教育片式的直观影像"告诫"公众洁身自好，否则会招致"可怕的"艾滋病，这是早期中国艾滋病题材影视作品所表达的主要意旨。然而，这种带有极端性和批判性的传播观念在很大程度上影响了一批人关于艾滋病的第一认知，造成了其刻板化的健康意

识，所以有人评价《艾滋病患者》为"童年阴影电影"。

（二）艺术创作与防艾知识的融合——以《生命的颜色》等电视剧为代表

进入21世纪后，艾滋病议题以更多样化的形式走入公众的视野，科教片、电视剧、电视小品、公益晚会、话剧、公益广告等各艺术门类中都看得到人们对艾滋病问题的思考和关注。这一时期的文艺作品开始卸下恐惧，走向理性，以温婉的方式表达对艾滋病患者的关注和关爱。值得注意的是，尽管近几年来我国城镇和农村居民对艾滋病的知晓率得到了快速提高，然而中国居民对基本的艾滋病知识缺乏全面了解，仍处于低认知水平。因此，影视作品中如何融入相关信息，在健康知识传播和艺术创作之间架起桥梁，成为现阶段的新课题。

2005年1月，我国第一部全景展现艾滋病病人生活境况的电视连续剧《生命的颜色》，在中央电视台黄金时间播出。该剧从人性、世俗、伦理等多角度关注了我国艾滋病病人的生活和情感，以及社会对这类特殊人群的舆论和态度。通过剧中人物命运和事件的发展，介绍了艾滋病的预防与防治，将艾滋病有关常识内化在其中，唤起公众的自我保护意识。

除此之外，近年来创作的影视作品，如首部普及艾滋病知识的科教电影《预防艾滋病》（2002年），关注青少年艾滋病问题的电影《青春的忏悔》（2003年）、《爱上HIV女孩》（2007年），电视剧《爱你到天边》（2009年）等，对性、吸毒这两大艾滋病的罪魁祸首不再讳莫如深。这些作品在讲求艺术真实的同时，关注艾滋病患者的内心世界及其面对的社会问题，用艺术的语言向观众普及艾滋病知识，警示公众健康生活。

（三）深刻的纪实性与心灵震撼——《好死不如赖活着》与《颍州的孩子》

如果说以上几部影视作品用讲究的艺术镜头和细腻的人物刻绘，向公众讲述有关艾滋病的种种。那么,《好死不如赖活着》(2003 年)与《颍州的孩子》(2006 年)这两部纪录片则为中国的艾滋病题材影视作品赋予了冷峻的色彩和深沉的思考力。

2001 年,中国独立制片人陈为军乔装打扮来到"艾滋病村"——河南省上蔡县文楼村,将镜头框定在一个普通的农户之家。这个五口之家里有四人感染了艾滋病,生活极为拮据。在拍摄过程中,陈为军既是摄影师,又是导演,还要顾及灯光、录音和采访,整个剧组只有他一个人。影片的镜头从春末夏初开始,历经盛夏、深秋、严冬,一直到春节,近距离地拍摄了马深义一家面对艾滋病和死亡的人生经历。整个篇落没有故事、没有情节、没有背景音乐、没有字正腔圆的叙述、没有宏大的场面,影片只是在纪录这个家庭的日常生活和生命四季。陈为军用中国老百姓的一句俗语"好死不如赖活着"为影片定名,既是马深义一家对命运的感叹和挣扎,更是成千上万个艾滋病家庭面对死亡时的无奈。

由旅美华人杨紫烨执导的纪录片《颍州的孩子》,以小男孩高俊的生活实录为主线索,讲述了安徽省阜阳市颍州区艾滋孤儿的真实人生,尤其是他们所面对的家庭的贫困、亲情的冷漠、周围人的歧视与无知,以及自己的恐惧和无助。

上述两部独立制作的纪录片都在海外引起了强烈关注,《好死不如赖活着》在几十个国家和地区播出,一些基金会和国际组织通过创建基金会等形式给文楼村的艾滋孤儿筹集善款,村民们开始受到越来越多地来自海外的关注与帮助。《颍州的孩子》更是获得 2007 年第 79 届奥斯卡金像奖最佳纪录短片奖,为外界了解中国艾滋病问题的真相、改善艾滋病相关人员的生存状况提供了路径。诚如杨紫烨所言:"如果因为我所拍摄的影片,使人们消除对艾滋病的误解和对艾滋病患者的歧视,能推动受艾滋病影响的儿童们的生存环境进一步得到改善,那才是对这部纪录片最大的艺术肯定。"

（四）反对歧视，关爱生命——《最爱》与《在一起》

导演顾长卫的作品《最爱》（2011年）是一部以艾滋病为题材的爱情电影。影片以赵得意和商琴琴同病相怜式的执著的爱情为主线，用另类的视角和荒诞的手法折射出，在贫困和死亡面前的艾滋病人所遭受的歧视和孤立，面对恐慌和绝望的内心世界，也把村民的愚昧落后和自私、任性展示得尽致。然而，深沉和悲壮绝不是该片要传递的唯一基调。赵得意的口头禅"得意一天是一天"，是他在痛苦和卑微中自娱自乐的精神写照。在他和周围病友身上发生的喜剧式场景，他们在死神面前活出一份精彩的精气神，甚至是一个个平静中的死亡，都会让观众带着眼泪微笑。

《在一起》是电影《最爱》的套拍纪录片。在《最爱》拍摄初期，剧组通过网络寻找艾滋病患者，希望与之对话了解他们的生存状态，并邀请他们来参与剧组拍摄。最终，有六名艾滋病患者进入了剧组，其中同意无遮挡出镜拍摄纪录片的三位志愿者成为《在一起》的主要人物线索。影片叙述了他们在剧组期间的生活和心理状态，介绍了他们的人生背景和染病后的生存状态，剧组人员对他们从恐惧、陌生，到了解、熟悉的过程也真实地记录在影片中。多条叙事线索使观众对三位志愿者建立起立体化的认知感受，与《最爱》相比，真实感和现实感更为强烈。同时，制作方能够作出套拍的决定，以三位志愿者为关怀主体讲述艾滋病人员的生存状况，这本身就是对"反对歧视，关爱生命"这一主题的一种呼应。

四、中国艾滋病题材影视作品的叙事解析

（一）"陌生化"叙事处理与艾滋病议题的审美接受

20世纪80年代末中国健康教育源起以来，鉴于艾滋病传播途径的特殊性，中国公众对艾滋病大都带有谈虎色变、避而远之的态度。在互联网普及之前，绝大多数民众对艾滋病的知识习得主要来自报纸、书刊。有学者

对国内报纸媒体 2002 年之前的艾滋病报道所做的统计分析显示，防治工作和个案报道是当时该议题的主要报道内容。此外，报纸上有关艾滋病报道的整体语气是"中性"，且比例较高。甚至有媒体用题为《艾滋来了》的漫画，将艾滋病报道为"正向人类逼近的巨大阴影"。[3]这样一来，受众对艾滋病的恐惧心理没有减少，而且他们很难从这些报道中对艾滋病的基础知识、传播途径、健康危害等问题产生深刻的理解和认知。这也意味着健康传播效力的薄弱。在此背景下，影视艺术对艾滋病议题的观照，在形式上创造出一种震撼力，使观众脱离寻常的感知方式，对艾滋病问题有了新的认识。这也正是"陌生化"在信息的有效传播上所作出的贡献。

俄国形式主义大师什克洛夫斯基认为，普通语言是日常的、司空见惯的，平庸呆滞而毫无生气，经过"陌生化"的文学语言则清新、奇异，充满活力。"艺术之所以存在，为的是恢复人对生活的感觉，为的是使人感觉事物，使石头更像石头。艺术的目的是要人感觉到事物，而不是仅仅知道事物。艺术程序就是使对象陌生化，使形式更复杂，从而增加感觉的难度和时间长度。因为感觉过程本身就是审美目的，必然没法强化。艺术是体验对象的艺术构成的一种方式，而对象本身并不重要。"[4]在形式上创造新奇的效果是缔造"陌生化"的途径之一。电影《青春的忏悔》使用梦境来表现主人公得知自己染病时的恐惧心理，这种"可感觉"的画面语言比媒体上对艾滋病危害的形容要真实得多。

此外，叙事视点问题也关乎文艺作品的创造力和被接受度。相同的故事会因叙事者观点、视角的不同及公正、客观、可靠程度的不同，以而产生极大的差异。而且，叙述者的叙述层次、参与故事的程度等都将决定受众如何理解故事，以及对故事采取何种态度。在纪录片《好死不如赖活着》中，陈为军试图用真实无修饰的画面，甚至是极为朴素的编辑，尽量客观地向观众展现文楼村众多艾滋病家庭中的一个。片头语对此创作意图是这样交代的："我从 2011 年初夏潜入马家那个农村小院，开始跟踪拍摄他们，试图记录下来这个家庭面对生死的生活原态和他们的心路。以下就是我亲眼看到的……" 全片从屋里传来的雷妹的哭声开始，历经夏至、大暑、立秋、中秋直至春节。镜头记录着马家一年中的变化和雷妹从发病到死亡的过程。我们从中看到的是雷妹躺在推车上等死的绝望，马深义对家庭走向瓦解的无奈，还有三个孩子的无辜。这些富有现场感和现实感的画面符号补充并颠覆了大众既有关于艾滋病的认知。"接受主体经过反思的阵痛之后，一个具有健全人格的新的自我将会诞生，接受主体将进入悲剧审美的高层次境界——主体人格的升华，就能够更好地参加改造现实、实现历史必然要求的实践。"[5]现实中，因艾滋病去世的人、土崩瓦解的家庭成千上万。也只有在面对死亡时，生命的价值和意义才会凸显沉重。如果没有影像的寻访和见证，人们对命运和生命本真的感受会走向冷漠。在这层意义上，带有悲悯情怀和自我审视的影视叙事，是中国公众了解艾滋病、珍爱生命，为艾滋病人塑造宽容空间的一种软性力量。

（二）艾滋病题材影像中的悲喜剧

三十多年来，艾滋病对人类社会始终有一种高危害性的影响，其所引致的死亡和社会问题是悲剧，而悲剧也正是多年来艾滋病题材影视叙事的主基调。然而，影视作品中对于悲剧和喜剧之间对立统一性的认识和反映，则在很大程度上影响着接受主体对艾滋病信息的判断和理解。20世纪80年代，《艾滋病患者》强调的是人们面对艾滋病时的恐惧和茫然，希望以一种彻底的手段阻断艾滋病毒的传播。其文本中所呈现的悲观和急迫心态，以及故事本身的悲剧性带给公众的信息是片面和狭隘的。二十多年后的电影《最爱》，在悲剧和喜剧分量的拿捏上明显成熟且有掌控感。其中的一些喜剧性场面和细节，如"粮房"大嫂赶猪骑猪，赵得意和商琴琴嬉笑着在村子里发喜糖等场面；比如演员颠覆性的表演和台词等，制造了许多戏剧化效果，让观众忍俊不禁。然而，这丝毫不影响影片叙事的整体基调，一个个小人物在死亡面前的洒脱、无奈、阿Q精神、隐藏的伤悲，以及不曾枯萎的爱的能力……都让人为之动容。"喜剧与悲剧这两种重要节奏有着本质区别，但这并不意味着二者是彼此对立、水火不容的两种形式。悲剧完全可以建立在喜剧的基础上，而不失为纯粹的悲剧，因为在产生各种可感节奏的生命中，这两种节奏是并存的。"[6]

随着公众对艾滋病健康知识获取途径的增加和相关信息的日益丰富，该议题影视作品中的说教和警示的成分已明显减少，其叙事更多地向艺术符号本身回归：创作人员逐渐将艾滋病纳入影像创作的一般性议题，平和地使用影视技巧、流露创作风格；美学含义上的悲或喜此时更富流动性；公众不同的审美观照和人生经验对此有各自的呼应。

（三）艾滋病议题影像与公众的健康素养

在影片《最爱》的剧情里，商琴琴卖血是为了"买一瓶城里人用的洗发水"，这让许多在电影院观影的城市人感到吃惊。然而，在中国广大的农村和偏远地区，仍有大量群众对艾滋病的传播途径、哪些行为会加大感染风险等问题不知晓或不明确。这意味着，目前，我国艾滋病相关资讯的获取存在较严重的知识鸿沟。尽管从2005年开始，国内陆续拍摄了几部公益性防艾宣传片，但普及性和宣传效果并不明显。面对失真或残缺的健康知识，大多数公众缺乏怀疑和批评态度，对负面健康信息的抵抗能力较弱。特别是面对艾滋病等公共卫生事件时，公众容易轻信来自人际传播渠道的流言。与公众的健康素养相应的一种担忧是，对艾滋病人的社会宽容度仍不够高。同样是《最爱》中的一个片段：赵、商二人走街串巷发喜糖，但很多人都不敢接或者用围裙兜着接；大人把小孩接着的糖打到地上；当二人把糖放在村民的棋盘上时，人们立刻把棋盘打散。这些片段也反映了，在社会公众的潜意识中，艾滋病仍然没有脱离其伦理道德的贬义定位，对艾滋病的不科学认知也直接导致了公众对艾滋病人的抵触或歧视，造成其边缘化和不公的待遇。

　　在媒介素养整体性缺失的当下，应强化大众媒体对艾滋病信息的正面引导力度，同时以公共放映、影片下乡等多种形式重点向艾滋病高发地区、农村和少数民族地区进行艾滋病科普。2011年11月28日，中国首部公益性防艾佤语电视连续剧《失落的月亮》在云南省沧源佤族自治县开播，如此近距离地贴近目标群众，实现有效传播的影视创作值得大力提倡。B. F. Skinner在论述"健康传播过程中传播议题的伦理学筛选"这一问题时说：我们拥有创造"美好生活"的必要的技术手段，但该由谁来决定什么才是"美好的生活"或"健康的生活"？这是今天的健康传播研究者们所面临的一个关键的伦理学问题。[7]而影像作为人类情感和智慧的表达，其具备净化心灵世界和升华人格境界的能量，利用这种能量来消解各种遮挡光明的问题，能使人达到生命的澄明。或许，这会是我们理想中的一种美好生活。

参考文献

[1] Everett M.Rogers. The Field of Health Communication Today[J]. Amerlean Behavioral Scientist,1994,38(2):208。

[2] 百度百科. 2014年中国艾滋病疫情[EB/OL]. http://baike. baidu.com/

[3] 张自力. 媒体艾滋病报道内容分析:一个健康传播学的视角[J]. 新闻大学,2004(2):50.

[4] 王一川. 意义的瞬间生成[M]. 济南:山东文艺出版社,1988:296.

[5] 佴荣本. 文艺美学研究范畴——论悲剧与喜剧[M]. 南京:南京大学出版社,2002:159.

[6] 苏珊·朗格. 情感与形式[M]. 北京:中国社会科学出版社,1986:387.

[7] 张自力. 论健康传播兼及对中国健康传播的展望[J]. 新闻大学,2001(3):30.

大数据时代下新闻传播的新动向

邓秋黄

（北京印刷学院，北京　102600）

【摘　要】近几年，"大数据"这一概念已成为媒体与公众热议的话题。有学者提出，大数据已向我们走来，它开启了一次重大的时代转型。在这样的时代背景下，新闻传播领域迎来了自身新的转向。文章试图从对大数据的认识、大数据对新闻传播所带来的影响，以及大数据给新闻传播领域带来的新变革，来阐释大数据给新闻传播领域带来的新动向，以及在大数据时代对新闻从业人员提出的新要求。

【关键字】大数据；新闻传播；改变

一、认识大数据

（一）大数据的含义

大数据（Big Data），"指的是所涉及的数据量规模巨大到无法通过人工，在合理时间内达到截取、管理、处理并整理成为人类所能解读的信息"。①

---

① 徐偲骕.传播研究与学术公共性："大数据"热潮的冷思考[J].东南传播,2013(3).

对于"大数据",研究机构 Gartner 曾给出的定义是:"大数据"是需要新处理模式才能具有更强的决策力、洞察发现力和流程优化能力的海量、高增长率和多样化的信息资产。

麦肯锡全球研究所给出的定义是:一种规模大到在获取、存储、管理和分析方面大大超出了传统数据库软件工具能力范围的数据集合,具有海量的数据规模、快速的数据流转、多样的数据类型和价值密度低四大特征。

在维克托·迈尔·舍恩伯格编写的《大数据时代》一书中指出,大数据是指不用随机分析法(抽样调查)这样的捷径,而采用所有数据进行分析处理。可以用 5V 来反映大数据的特点:Volume(大体量)、Velocity(时效性)、Variety(多样性)、Value(大价值)、Veracity(准确性)。

(二) 大数据的产生

1. 科学技术的进步,我们正迈入数字化时代

大数据之所以产生,正如美国咨询大师托马斯·H·达文波特所言,是因为今天无处不在的数字化的传感器和微软处理器,例如手机、PC、物联网和云计算等,无一不是数据生成、承载和传输的方式。随着数字化记录、存储和传输技术的日臻完善和丰富,人类的所有实践活动经过形式各异的机器或电子设备的作用都会留下数据的痕迹。这些痕迹就是特征、位置或状态的记录。使用它的人们及其设备,通过网络之间的相互链接,"嫁接"出一个个庞大的、丰富的、数据描述详实的数据源。随着大数据时代的来临,数据的总量在不断地增加,数据更加多元和驳杂,直观的、有效的可视化技术成为大数据时代数据呈现的主要手段。

2. 简化的认识逻辑满足不了纷繁复杂的现实社会

在当下变量繁多、有机化程度越来越高的社会,过去简化的认识逻辑越来越捉襟见肘,将认识世界的场景重置于纷繁复杂的现实联系中去,在纷繁复杂的变量中重新认识世界,已经成为社会实践的迫切要求和社会科

学研究的共识。大数据的数据跟过去传统的结构性的数据有很多不同，过去结构性的数据比较单一，成本、时间耗费也比较多。如今数据的采集几乎与信息发生同步，获得数据信息的成本又很低。大数据新闻传播也不同于传统新闻报道那样的简单数字交代，而是展示了一种从宏观层面上对社会某一方面的趋势、动态和结构性的把握。

二、大数据对新闻传播领域的影响

（一）颠覆传统新闻理念

大数据时代下完整的、深入的、有说服力的、可视化的新闻传播方式颠覆了以往传统的以文字为主的新闻传播方式，改变了文字作为新闻纪录的单一性功能。计算机处理和人工智能的参与使得在处理复杂多变的新闻信息时，可通过动态分析与可视化视图呈现新闻内容，使新闻报道趋于形象化和多样化，加速了传播速度并增加了信息的可靠性。

例如，中央电视台《新闻联播》在 2014 年春节期间推出的 11 集"据说春运"特别节目，首次采用百度地图 LBS 定位的可视化大数据，播报国内春节人口迁徙情况。这也是大数据首次以老百姓能看懂的方式，可视化地展现在电视屏幕上。

以百度提供的迁徙动态图为例，百度通过 LBS 开放平台分析手机用户的定位信息，能够映射出手机用户的迁徙轨迹，数亿用户的迁徙轨迹就构成了一张实时变化的动态图。我国 5 亿多手机网民，而百度 LBS 开放平台的定位服务覆盖了数十万款 APP，每天的位置请求数量超过数十亿，由百度 LBS 提供的定位信息数据无疑是最有说服力、最能反映春运人口迁徙的动态。

新闻报道在大数据时代下不断科学化调整、规范化运作，在实践上不断创新。新闻生产在海量的大数据资源中重新发掘报道的新规律、新趋势和新动向，对未来的新闻行业的影响深远。

（二）新闻传播从业者角色的转换

在传统时代，新闻记者需要采用原始的人工方式，自己去发掘新闻线索，甚至寻找新闻线人，然后将收集到的信息编辑成稿报道出来。而具有用户生成内容功能的自媒体，在时效性和报道范围方面对传统媒体形成了巨大的挑战。在大数据时代，新媒体的迅猛发展使得新闻工作者角色的快速转变，加速了新闻记者这一群体由"新闻民工""社会记录员"向"综合型记者""全能记者"的转型。① 在传统时代，新闻记者作为单纯的信息采集者和发布者，主要工作内容是报道事实。而进入大数据时代后，挖掘数据建立在扎实证据的基础上，对新闻记者提出了更高的要求，需要能够以图表等可视化的呈现方式，为受众提供经过科学分析且易于理解的解释性新闻报道。新闻记者的角色成为新闻事件的有力阐述者，其主要工作内容是阐释事件的影响。②

三、大数据在新闻传播领域的变革

（一）大数据对新闻行业的新洗牌，新闻生产机制的转换

社交网络和移动互联网的发展，为个性化信息聚合提供了更广泛和更便捷的平台。通过人工智能分析和过滤机制，使深入分析用户标签之间的联系、跟踪用户标签的使用习惯和频率成为可能。通过对用户行为和关系的分析，能挖掘用户对内容的偏好和潜在需求。通过信息聚合，可自动为其生成出符合其需求的信息，从而实现个性化内容推荐和定制新闻发送。

国内移动互联网领域成长最快的产品服务之一——"今日头条"，其口号是"你关心的，才是头条。""今日头条"是一款基于数据挖掘的推荐引

---

① 史浩然.数据新闻:大数据时代新闻传播新模式.[J]新媒新论,2015(7):50-51.

② 王斌.大数据与新闻理念创新——以全球首届"数据新闻奖"为例[J].编辑之友,2013(3).

擎产品，它为用户推荐有价值的、个性化的信息，提供连接人与信息的新型服务。它由国内互联网创业者张一鸣于 2012 年 3 月创建。截至 2015 年 12 月，"今日头条"累计激活用户 3.5 亿，日活跃度超过 3500 万。其中，"头条号"平台的账号数量已超过 4.1 万个，各类媒体、政府和机构总计超过 11 000 家。其中，签约合作的传统媒体过千家，"头条号"自媒体账号总数超过 3 万个。用户可使用微信、微博、QQ 账号或者注册"今日头条"账号来登录"今日头条"。根据其年龄、职业、所处位置、阅读行为、社交行为等挖掘出用户的兴趣。通过社交行为分析，5 秒钟计算出用户兴趣；通过用户行为分析，用户每次动作后，10 秒内更新用户模型。越用越懂用户，从而进行精准的阅读内容推荐。

　　由此可以看出，"今日头条"两个最大的特点：其一，它是基于用户兴趣图谱分析的个性化阅读推荐；其二，它是新浪、腾讯、网易等各大门户网站新闻的内容聚合平台，体现了社交媒体对新闻生产机制根本性的颠覆。通过个性化推荐的新闻生产和推送模式+社交数据挖掘，塑造了一种"懂我"的用户体验，同时也使整个新闻生产流程更加智能化。①

（二）大数据增加新闻"现场感"

　　大数据让新闻更加真实、客观。随着社交网络和互联网的发展，社交媒体和移动互联网终端设备的应用，都能形成巨大的数据源，为大数据新闻报道提供更高的时效性保证和更具现场感的信源。

　　大数据新闻是基于数据挖掘的精准新闻，是更全面的调查报道和更高品质的深度报道。大数据时代，新闻的真实性超越了"5W"层面的要求，多维数据带来的现场感、基于专业数据库的相关性分析，把新闻的真实性推到了新的层面。基于大数据分析的新闻报道，信息可以更鲜活，图表可

---

① 喻国明,李彪,杨雅,李慧娟.新闻传播的大数据时代[M].北京:中国人民大学出版社,2014:68－69.

以更融合，故事可以更生动。利用信息可视化设计，将数字型、文本型信息合二为一，将设计成可视化图表，可以再现数据、体现关系、表现重点、描述现状、整合内容、传达意见，把读者带入新的读图时代。

支付宝作为目前国内最大的移动支付平台，全民消费数据比较具有代表性。近日，"我的花样生活"——支付宝 2015 年账单已上线，用户可清楚地看到 2015 年总共的消费金额和消费去向 TOP6，如交通、旅行、服饰等方面。此外，支付宝还图文并茂地记载了用户的吃饭消费、节省排队时间（信用款还贷、生活缴费、手机充值的次数）、皮夹被冷落的次数、打车付款的费用、余额宝收益、有金钱往来的人、通讯录好友推荐等记录，并分别以"吃是人生中很重要的事""最怕的琐事轻松了一点""逛街带手机就购了""再不用寒风中玩命招手""别老说我只会花钱""感谢你们陪我度过""服！他们都已跻身全球 TOP 生活达人"为标题，语言幽默风趣，并形象生动地以 2015 年生肖"羊"为吉祥物，惟妙惟肖，广大网友纷纷将其"晒"在微博、QQ 和微信等社交软件上，还引发全民热烈讨论。

支付宝作为网购达人们使用最多的支付方式，已经成为网络经济发展的一张"晴雨表"。

结语

在大数据时代，传统新闻传媒行业受到的冲击与挑战愈发明显，而作为与之密切相关的与新闻传媒行业，自然避免不了大数据带来的影响。传统的新闻传播教育注重新闻传播理论的讲授，培养学生的新闻采访、写作和编辑的能力。然而在以数据挖掘与处理为基础的大数据时代，传媒行业迫切需要具备数据挖掘与处理技术的复合型人才。[1] 新闻传播者更应该顺应时代发展潮流，深入分析大数据时代对新闻传播的影响和引发的变革，使新闻报道更加有理有据、一目了然，被广大受众所接受。

---

[1] 刘春城.理论与务实：大数据对新闻传播领域带来的新转向[J]. 新闻经纬,2014(6)：79-81.

论标志性区域化新型媒体集团的战略
构想及其实现路径

高 阳

（中国传媒大学广告学院 2014 级博士研究生　云南财经大学传媒学院讲师）

【摘　要】在互联网新媒体的强大冲击和经济深度调整的背景下，大量地方性媒体接连爆出了生存危机。摆在这类媒体面前的，难道只有衰落甚至是倒闭？文章认为，在中国特有的媒体管理体制下，地方性媒体还有借助国家战略实现逆转的可能。这个可能性就在于通过迅速的行动争当国家战略标兵，争取国家战略资源的支持，从而实现绝地反击。

【关键字】标志性；区域化；新型媒体；战略

一、命题的提出

在互联网新媒体和经济"新常态"的双重冲击下，传统媒体正在遭遇前所未有的竞争压力和生存挑战。这从传统媒体赖以生存的核心商业模式——广告市场的变动情况可以略知一二：根据央视市场研究最新数据显示，2015 年中国整体广告市场下跌了 2.9%。主要下跌板块为传统媒体，全年损失了创纪录的 7.2%①。

由于传统媒体在我国政治语境种所具有的"宣传意识形态"和"社会

---

① 　数据来源：CTR 媒介智讯。

管理沟通"职能,传统媒体的生存态势和发展趋势早在数年前便已进入最高决策层的战略规划视野。2014 年 8 月,习近平总书记在中央全面深化改革领导小组第四次会议上首次提出"新型媒体集团"这一战略命题,并为这一战略设定了清晰的目标,即"着力打造一批形态多样的新型主流媒体"。自此以后,不仅理论界提出了各种的理论对策,各传统主流媒体也纷纷展开了探索行动,并在中央主流媒体层面涌现出了一批实践亮点。

但在这样的理论和实践热潮中,却缺失了中国传统媒体版图中一个重要的部门——地方媒体。受到地方经济发展和人力资源储备的约束,地方传统媒体受到新媒体冲击最为严重,逐渐成为生存问题最为严峻的群体。同时,以区域化生存和发展为定位的地方传统媒体是中国传统媒体生态中一个极为重要的主体,在区域经济发展和地方行政治理中有着不可或缺的独特作用。因此,就我国媒体格局和舆论治理需要来讲,在关于"新型媒体集团"的理论关照和实践探索中,不应该仅限于中央级全国性媒体,而应该将区域性地方传统媒体纳入其中。

(一) 打造标志性区域化新型媒体集团是对中央命题的地方回应和区域探索

重大战略命题从提出到达成之间最关键的环节就在于标杆性、引领性个案的打造,以及在此基础之上的模式化提炼。对于各级地方性传统主流媒体来说,尽快基于区域实际打造具备标志意义和推广价值的区域化新型媒体集团,是抓住战略机遇争取发展资源和发展空间的必然要求。在基于互联网的新媒体步步紧逼和经济深度调整的"新常态"下,紧紧把握这次行政资源和市场资源重新分配的历史机遇,迅速谋划基于自身资源、地缘区位特征、区域市场特点的融合,以及传统媒体与新兴媒体的区域化新型媒体集团的建设之道,是地方性主流媒体以创新性、标志性、特色化的架构设计树立示范模式,实现绝地反击,在未来新型媒体集团版图中占据一席之地的必然要求。

（二）打造标志性区域化新型媒体集团是推动传统媒体与新兴媒体融合发展，促进传统媒体转型升级的实际措施和具体方式

传统媒体与新兴媒体的融合发展，是互联网时代不可逆转的趋势，转型升级是传统媒体生存与发展的必需。这一方面反映了互联网新媒体的迅速发展对传统媒体造成的巨大竞争压力，另一方面也预示了互联网新技术作为一种强大的工具为传统媒体转型升级开启了巨大可能性。"新型媒体集团"战略的提出为融合发展与转型升级这一对概念的实现指明了具体手段和措施，是将以往在"传统媒体转型升级"和"媒体融合发展"上的泛泛而谈转变为具体项目；将以往对"传统媒体转型升级"和"媒体融合发展"上的亮点个案进行事后分析总结转变为前瞻性的事前规划，完成从宏观到微观、从理论到实践的转化。

对于地方性传统媒体来说，以建设"标志性区域化新型媒体集团"来对国家战略命题进行积极、创新的响应，是搭载国家战略快车，加速传媒产业融合发展与转型升级的历史抉择：即通过富有标志意义和示范效应的架构设计与后续运作，证明自身探索的模式化意义。在有效性和可推广性的基础上，获得国家战略资源的支持，从而实现传媒业的整体飞跃。

（三）打造标志性区域化新型媒体集团是推动地方文化产业规模化、集约化的有力手段

经过多年努力，地方性文化产业获得了令人瞩目的特色化发展，但目前"小、散、乱"的产业格局，却是阻碍大多数地方文化产业进一步提升的主要障碍。从全球文化产业的实践经验看来，最具有规模化、集中化形态的产业门类就是传媒，发展传媒产业是改进地方文化产业整体规模和产值偏弱的有效方式。打造"标志性区域化新型媒体集团"是以战略规划驱

动项目落地的方式推动地方性文化产业规模化发展。

二、战略要点

"打造标志性区域化新型媒体集团"是复杂的实践活动，必须以科学、系统的战略规划来提升实践的有效性，规避操作风险。具体来讲，需要进行以下三个环节的关键战略规划。

第一是运营主体架构设计。规划设计能够高效整合特定区域内的优势传统媒体资源，形成跨媒介、跨单位的一体化新型媒体集团运营主体。以体制改革和机制创新为方向，突破传统按照媒体属性划分的行政管理藩篱，架构适应新媒体时代多形态媒体协同发展，统摄新型媒体集团业务的一体化运营主体。其重点在于规划运营主体的组织结构、管理体制和运作机制。

第二是媒体形态与产品形式规划。在统筹互联网时代，在受众媒体接触习惯和接触行为变迁、地方性优势传统媒体资源和区域市场态势的基础上，构建具有传播影响力、舆论把控力和市场竞争力的媒体形态和产品形式。其重点在于以立体传播、形态多样为导向，面向互联网和移动互联网进行数字化媒体形式的选择和产品开发，融合传统优势媒体形态和内容优势，形成全媒体、全感官的媒体形态布局。

第三是内容制造模式设计。根据规划的媒体形态和产品形式，设计相匹配的内容制造模式及流程。在传统媒体专业内容制造的基础上，以强化互动性和参与性为目标，研发、植入 UGC（用户生产内容）和 PUGC（专业用户生产内容）等新型内容制造模式。通过创新内容制造模式构建内容生态系统，推动新型媒体集团走向平台化。

第四是商业模式规划。规划基于新型媒体形态的广告产品形式及其价值模式。同时，规划设计基于新内容架构和传播模式的创新型盈利模式，发挥媒体功能构建基于区域化综合生活消费的 O2O 型盈利模式。

三、融合：战略的实施路径

建设标志性区域化新型媒体集团的本质是立足传统地方性媒体的特点和优势完成转型升级，实现从旧世界向新世界的迁移，而其中的关键则在于找准实现路径。融合运用互联网新媒体就是搭载传统媒体驶向新生和蜕变的"船票"，是新旧世界之间的连接器。作为转型最可行的执行立足点，互联网新媒体的融合运用能协助地方传统媒体完成"价值模式转型"和"盈利模式升级"这两个核心命题，从而迈向标志性区域化的新型媒体集团。

（一）价值模式的转型

传统媒体的价值生产模式是分离式的注意力制造及其价值实现。该模式的立足点在于市场经济主体（企业、品牌）在营销活动过程中的信息传播需求。基于此，媒体通过专业化的内容生产（新闻、娱乐、体育等）和内容传递（发行、传输）获得了受众的注意力，再通过广告产品开发和销售这一注意力资源的价值实现方式，将受众的注意力资源转卖给广告主。这个价值生产流程由两个相对独立的环节构成，即"内容制造"和"二次销售"。

然而，互联网对媒体生态、社会行为方式的重塑使得传统媒体价值生成模式被逐步解构。首先，注意力的获取方式面临危机。互联网迅速释放了媒体的种类和数量，受众能够接触的内容渠道从传统媒体时代的稀缺转瞬变为过剩，使传统媒体获得规模化注意力（具备广告价值）变得越来越困难。更深层次的原因在于，社交网络的媒体化改变了传统金字塔式信息传播方式，使社会化内容制造和信息传播成为可能。"所有人对所有人的传播"渐成主流，传统媒体内容捕获影响力的能力逐渐式微。这是因为传统封闭化制造的内容，其生产过程与受众分离的特质（即我播你看）对互联网时代参与热情和参与能力高涨的信息消费者的吸引力持续下降。传统上媒体专注内容制造就能获得影响力的必然性被打破。

其次，是注意力的价值实现机制遭遇解构。作为媒体价值源头的消费者，其品牌认知模式和消费决策模式，开始从工业时代基于固化记忆的线性活动。转向互联网时代基于动态情景下的情感连接和情绪打动模式。这一转变放大了传统媒体价值生产模式中注意力生产与其价值实现之间的"价值流失"现象，甚至，使传统媒体价值生产模式面临整体被解构的风险。在传统的"二次销售"模式中，媒体生产的注意力是指向内容的，而广告在将注意力资源转化为媒体产品的过程中，实际上造成了对受众内容消费行为本身的干扰和打断，这就是传统媒体价值生产中的"价值流失"。在互联网时代，随着"受众"向"用户"转化过程的深入，用户信息能力和信息主体意识急剧提升，用户更倾向于，也更有能力规避这种"插入式"广告。这使得简单依附于媒体内容的广告连同其"浅表触达""粗暴覆盖"的传播模式，越来越难以发挥影响用户的功能而难于匹配企业和品牌的传播需求。

互联网新媒体的融合运用是通过以下两个步骤促进传统媒体进行价值生成模式的转型。首先，是导流与转化。建设互联网新媒体产品或者平台，通过传统媒体基于存量影响力的号召与吸引，将传统的受众导流进入互联网新媒体；再通过持续化的运营，将传统媒体的受众转化为用户；将传统以收视听率为计量的注意力，转化为流量这种更为精准和主动的"互动关系"。在这种互动关系中，内容与内容消费者之间不再是线性的主客体关系，而成为拥有社交结构的网络互动模式。内容制造和影响力获得不再是相互分离的两个环节，而成为相互渗透的统一体，内容消费者深度介入内容生产，内容生产过程本身就具备了影响力生产功能，内容生产和影响力生产融合统一。

其次，是聚合与黏化。互联网新媒体运营的长期目标在于，通过对用户兴趣的了解和引导，持续优化提升内容生产的方向和质量。同时，激发经由导流和转化而来的首批种子用户的扩散和聚合作用，形成以媒体内容为核心的社交化圈层，并持续扩展和活跃互动，形成兴趣指向清晰（聚焦媒体内容）、黏着活跃度高的网络社群。这种结合社交化传播结构的社群能够突破传统内容与内容消费者之间"广播式"的浅表接触和覆盖，使注意力资源不再表现为"传递—反馈"的机械式互动，而转化为基于用户深度参与的持续性互动。

互联网新媒体的融合运用，能够通过以上功能的实现，构建以内容为连接指向的社群。它将传统的内容从一个被消费的客体，转化为与用户交互的载体，突破内容生产过程的封闭，将其转变为用户的参与过程。这使得注意力不再单纯是内容所要争取的客体，而转变成为了以流量形态参与内容制造的"生产要素"，从而突破了内容制造及其价值实现的分离，实现注意力制造及其价值实现的融合和统一。这从用户参与和黏性的角度解决了传统内容难以捕捉互联网时代注意力的问题，为媒体提供了更为精准和稳定的注意力资源，并使该资源可转化性大大提高，以此实现价值模式的转型。

（二）盈利模式升级再造

基于内容社群这一资源平台，区域性传统媒体能够突破传统插入式、广播型广告的限制，摆脱对传统广告业务的依赖，深入区域经济交易环节，实施盈利模式的升级。

首先，借助互联网新媒体的社群兴趣焦点并将其融入媒体内容制造进程，可以将营销传播信息融于媒体内容和用户互动过程之中，实现内容营销（即营销信息的内容化），在规避价值流失的同时完成了广告本质的转换和回归。它使广告从传统媒体的打扰式信息回归其对用户有价值的"经济信息"本质，构建用户在深度信息互动基础上的社群化品牌认知及购买决策模式，从而优化媒体对品牌和企业营销传播需求的响应能力。

其次，依托互联网新媒体平台以媒体内容为吸引力和驱动力进行社群运营，在激发、引导用户兴趣焦点的信息传播活动中，发现社群型产品的导入机会，特别是通过媒体内容要素的人格化转化（如主播、主笔、幕后团队的人格化开发）建立媒体的"人格化"影响力，逐步导入符合社群特征的产品，依托媒体内容和公众号运营，建立品销一体化的闭环销售模式。通过销售分账等形式与品牌合作方建立销售型盈利模式，从而深入区域经济交易环节，深耕区域经济。

除了依托用户社群建立"市场孵化器"功能，为合作品牌提供品销合一的解决方案之外，区域性媒体还能依靠专业性内容建立垂直于专业市场的圈层资源整合平台。通过专业媒体内容与线下沙龙结合的O2O模式，打造行业资源精准匹配平台，开拓项目融资、人才猎头、管理咨询等增值盈利模式。

参考文献

［1］丹尼斯·麦奎尔.麦奎尔大众传播理论［M］.北京:清华大学出版社,2012.

［2］迈克尔·波特.竞争战略［M］.北京:中信出版社,2014.

［3］朱剑飞,胡玮.主流风范:融合发展 浴火重生——加快我国新型媒体集团建设的若干思考［J］.现代传播,2014(11).

［4］尹韵公.全力打造新型主流媒体和新型媒体集团［J］.新闻与写作,2014(9).

媒介融合背景下的传统媒体现状研究

李孟远

（北京印刷学院新闻出版学院，北京　102600）

【摘　要】我国传媒产业自20世纪初以来得到了迅速发展，已经成为国民经济发展富有潜力的增长点，传媒产业总产值逐年上升，在国民GDP中所占的比例不断增加。然而，传统媒体近年来处在其市场生命周期的衰退期，实现与新媒体的媒介融合已迫在眉睫。随着互联网技术的发展，传统媒体将走向何处，传统媒体如何学习新媒体，实现媒介融合，都是亟待解决的问题，也是本文讨论的重点问题。

【关键字】媒介融合；传统媒体；新媒体

2014年8月18日，国务院出台了《关于推动传统媒体和新兴媒体融合发展的指导意见》，习近平总书记也明确提出着力打造新型主流媒体，和具有强大实力的新型媒体集团。国家明确提出"媒介融合"，一方面有助于党和政府开辟新媒体舆论阵地，重构主流媒体的传播渠道；另一方面也有助于我国参与国际传播新秩序的构建，加强国际传播能力。

此文件一出，全国各地的传统媒体都有些"焦虑不安"，希望可以借此次机会按照中央文件精神加快与新兴媒体融合，但是融合的路径还不够明确。传统媒体做了许多尝试，但目前国内还未找到一个非常成熟的融合模式或方向。

一、国内传统媒体与新媒体的融合路径

传统媒体认为，"媒介融合"将承担起拯救传统媒体的重任，期望能从国家政策层面得到更多支持，从而转化为市场红利。而融合的主要手段仍是以传统媒体为主体，发展新媒体业务。但是一些比较前沿的学者和专家也指出，传统媒体转型的根本是要具备"互联网思维"，颠覆传统媒体固有运作思路的问题。

对于新媒体从业者而言，尽管"媒介融合"是对互联网主流媒体地位的一种认可，但对互联网企业运营模式不会构成太大影响，互联网企业追求的"融合"已经"不仅仅是人与信息的连接，而是人与服务的连接"，是谋求商业利益最大化的手段。传统媒体和拥有强大资本背景的网络媒体的诉求、目标和运作模式都不尽相同。到目前为止，国内传统媒体与新媒体融合，基本上有以下三种路径。

第一种是固守内容优势，仅仅是在新媒体平台上发布其原有内容。很多传统媒体认为自身有内容优势，因此便将现成的内容直接放在 APP、微信和微博上。绝大多数传统媒体属于此类。第二种是传媒主业滑坡严重，转而寻求多元产业投资以支撑主业，拓展其他产业以获得较好收益。有些地方报纸在过去的几年里广告收入下滑严重，只好通过多元化，如房地产、展会等方式来支撑报社的发展。第三种是面对互联网媒体的冲击，传统媒体开始彻底改变自己的思路，改变自己的做法，重新架构自己的生产流程，以全新的互联网思维开展传媒业务以迎合时代的发展。

笔者认为，从产业生存和商业开发的角度来讲，以上三种做法都无可厚非，但传统媒体的媒介融合之路还是应该认真思考自身的定位与未来，对融合转型中的关键问题有清醒而科学的认识，以期在媒介融合的大背景之下依然发挥传统媒体强大的不可替代的作用。

二、传统媒体在媒介融合中的问题

（一） 传统媒体面对的未来形势

媒体融合转型的起点是对其未来的定位有一个清晰的认识。从世界范围来看，传统媒体都在大幅下滑，这可能预示着传统媒体的未来或许会变得更糟。从我国情况来看，广告作为传统媒体的主要收入来源，报纸广告收入已经连续多年出现下降，2014 年的下降幅度更是达到 15%；另一方面，电视广告市场的增长也趋于平缓，连续两年增长率低于两位数。与此同时，互联网广告收入一直保持了较高的增长速度，特别是在 2014 年首次超过了电视广告收入，收入规模达到了 1500 多亿元。可以预测，未来五年内，互联网广告将占据更大的市场份额。

（二） 对新媒体的定义

当一个新的媒体形式出现时，相对于旧媒体来说都是新媒体。报纸相对于书籍，广播相对于报纸，电视相对于广播，都是新媒体。新媒体是一个内涵和外延都太过空泛的概念，正如报纸、广播和电视一样，当前的新媒体也必然会和特定的媒介联系在一起，当前的新媒体一般被认为是互联网媒体。

（三） 如何使用新媒体

互联网作为人类发展史上又一次的整体性革命，也带来了继文字、印刷和电报之后的第四次传播革命，其影响范围遍及整个社会、企业、机构和个人，改变了人们的生活和思维方式。因此，互联网媒体的使用也不应该仅仅是一种工具和途径，而是作为一种传播思维而存在。传统媒体应当借鉴互联网"以人为本"的宗旨，将用户体验放在首位，摒弃传统媒体一直以来的"以自我为中心"的视点，激活潜在的用户需求。

（四）传统媒体衰落的原因

影响传统媒体业发展的根本原因并非传媒业的经济环境不景气，相反，整个传媒产业的产值一直保持稳步增长。与传统媒体的衰落伴随的是互联网媒体的发展。当传统媒体高速下滑时，互联网媒体依然在高速增长。国内外互联网媒体都在快速瓜分传媒业的用户和市场份额。

同时，随着一些重点网站如人民网、新华网等网站已经有了正式持有记者证的记者，互联网媒体开始掌握了传统媒体一直死守的"新闻采访权"，具备了新闻原创和发表的能力。在今后的发展趋势下，传统媒体在新闻采编方面的优势也将进一步削弱。

三、传统媒体在媒介融合中的阻碍

近年来，传统媒体期望通过媒介融合来延续其在传媒产业中的主要地位。"媒介融合"一词也在这一浪潮中热度颇高，但以下一些现状仍然对传统媒体的融合之路构成了一定阻碍。

首先，媒介融合目前呈单边热现象，即传统媒体热度高，新媒体热度低。迫于发行收入和广告收入都大幅下滑的市场压力，大量传统媒体被迫蜂拥式地挤向媒介融合的道路，带有一定的盲目性。传统媒体对互联网思维及其营销方式的理解不及互联网媒体，因而存在一些盲目开发新媒体的现象。传统媒体并没有真正把握新媒体的发展方向，更没能走在新媒体时代的发展前沿。这从很多传统媒体推出的网站、APP、微博和微信公众号的不温不火中可见端倪。

其次，过分追求技术融合，而技术的进步不等于思维的转换。互联网技术作为一个工具，可以为任何传统媒体提供传播技术上的融合升级，但部分传统媒体仍然固守过去权力体系的思考方式，并没有真正从内部进行革新，优胜劣汰在所难免。

同时，传统媒体的固有市场模式决定了产业融合难度较大。我国传媒领域过去长期存在条块分割的情况，形成了较稳定的市场模式。产业的整合会碰触过往利益，存在一定阻力。传统媒体和新媒体过去长期以来的工作惯性，难以在短期内发生深层次的融合。很多传统媒体建立了互联网信息渠道，但只是停留在表面运作，并没有真正将两者的优势和作用融合起来，不利于最大限度地带来产业上的发展突破。

最后，传统媒体和新媒体互补性不足。国外传媒集团巨头对于新闻出版、电影、电视、书籍、衍生品的整体运筹能力非常强大。如何从市场与受众需求的角度，在"大传播"的视域下，将传统媒体和新媒体产业进行资源整合与互补，打造全媒体产业链，在短期内仍然存在较大的难度。

四、传统媒体进行媒介融合的途径

在 2014 年 8 月 18 日召开的中央全面深化改革领导小组第四次会议上，习近平总书记强调，"推动传统媒体和新兴媒体融合发展，要遵循新闻传播规律和新兴媒体发展规律；强化互联网思维，坚持传统媒体和新兴媒体优势互补、一体发展；坚持先进技术为支撑、内容建设为根本，推动传统媒体和新兴媒体在内容、渠道、平台、经营、管理等方面的深度融合。着力打造一批形态多样、手段先进、具有竞争力的新型主流媒体，建成几家拥有强大实力和传播力、公信力、影响力的新型媒体集团，形成立体多样、融合发展的现代传播体系。要一手抓融合，一手抓管理，确保融合发展沿着正确方向推进。"

从习近平总书记的这段讲话中我们可以看到，思维、市场、技术和管理是传媒生产力的关键所在，因而传统在媒介融合过程中也应当将重点放在这四个宏观层面上。

（1）思维先行。媒体融合最重要的是要应用"互联网思维"。互联网强调的是平等和对话的姿态，是强强联合的一种方式；同时，强调技术创新与开放互动，这都是传统媒体从业者过去的"短板"。传统媒体在媒介融合中首先要有这样创新的思维，才有可能在激烈的竞争中生存下来并发展壮大。

（2）适应市场规律。我国报纸、电视等传统媒体作为政府职能部门延伸的事业单位，媒体产业扩张是按照权力逻辑开展的，即通过行政手段来组建报业集团、广电集团等，将不同媒介资源整合入有行政级别的媒介集团中。而移动互联网等新媒体是技术与市场结合的产物，是资本催生的结果，即新媒体是按照资本逻辑来成长的。传统媒体在一次次的寻求转型中又失去机会，从而已经证明了这种建立在权力逻辑上的新媒体发展模式是没有成效的。因此，传统媒体在媒介融合中要学会按市场规律办事。

（3）以产品导向为突破。在融合媒体时代，融合媒体产出的不再叫做版面或栏目，而都是称做产品。这种产品是基于多渠道、多平台、多形态、多用户设计和生产、传播和推送的。因此，传统媒体融合新媒体的突破点是产品的塑造。传统媒体要借助产品把积累多年的品牌价值和用户人群延伸到新平台下，通过学习新媒体的精准传播与产品聚合来抓住用户的心。

（4）以用户为中心。"用户至上"是互联网媒体的首要思维，传统媒体应当以视频化、移动化、社交化和服务化为目标，同时发挥自身的内容优势，迎合当今用户对媒体产品的需求。

综上所述，传统媒体在互联网媒体的冲击之下，实现媒介融合已经迫在眉睫。而想要实现与互联网的媒介融合，传统媒体自身的体制、机制改革是转型的首要前提，也是传统媒体在媒介融合中面临的最大困难。目前，我国传统媒体在媒介融合过程中盲目性较大，仅在个别业务和个别产品层面上有部分成功案例，要实现整体全局的媒介融合与改革转型，传统媒体还任重道远。

参考文献

[1] 崔宝国. 中国传媒产业发展报告 2015[M]. 北京:社会科学文献出版社,2015:5-6.

［2］郭全中. 大数据时代传统媒体转型的关键［J］. 中国记者,2013(7):3.

［3］李晓东,鲁磊,张敏. 传统媒体转型,出路在哪里?［J］. 新闻前哨,2014(4):13.

［4］郭全中,郭凤娟. 传统媒体转型的框架探析［J］. 新闻前哨,2013(8):21-24.

［5］刘鹏. 传统媒体融合转型的若干趋势［J］. 新闻记者,2015(4):4-14.

［6］殷俊,李月起. 传统媒体与新兴媒体的融合策略［J］. 新闻与写作,2014(9):36-38.

［7］胡正荣. 传统媒体与新兴媒体的关键与路径［J］. 新闻与写作,2015(5):22-26.

［8］张洪忠. 媒介融合中的冷思考［J］. 新闻与写作,2015(5):36-38.

［9］郭全中. 媒体转型中的七大理论问题探讨［J］. 新闻与写作,2014(8):49-53.

试论媒体在风险沟通中的作用

龙 艺

（北京印刷学院，北京　102600）

【摘　要】伴随着风险社会而出现的"风险沟通"是有一个以公众感知为基础的、多元复杂的信息互动与民主对话的过程。在突发性公共事件当中，作为风险沟通主体的新闻媒体在政府和公众之间扮演着桥梁的角色，起着上传下达的作用。文章以"4·6漳州PX项目爆炸事故"为例，主要从重要的风险告知、风险交流和风险监督三方面入手，来分析和探讨媒体在公共事件中发挥风险沟通作用。

【关键字】风险沟通；"4·6漳州PX项目爆炸事故"；新闻媒体；舆论监督

有些突发性公共事件的发生在专家看来具有很大的风险，但却并未引起公众的足够重视，而有些被认为只会引起很小危害的事件，却引起公众的广泛关注。面对这种不对等的情况，风险沟通在某种程度上能有效地解决此类问题。通过风险沟通，可以让民众对风险事件形成客观的了解和认识，从而动员公众采取适当的措施来预防风险或尽量减小风险造成的危害。通过风险沟通可以让公众形成对风险的客观认知和合理态度。同时，也可以在政府机构、企业、专家和公众之间形成应对风险的共识，这也正是风险沟通所追求的最终目标。

一、风险沟通的概念

现代社会借由互联网和移动媒介的迅速发展，科技的进步让世界变成了麦克卢汉口中的"地球村"，世界上任何地方的人都可以通过网络产生联系、发生关系。经济全球化的快速发展，让人们的直接联系比以往任何时候都来得更加紧密。一个国家的石油价格变动，很有可能会影响另一个国家汽车油价的上涨。现代社会俨然已成为了德国社会学家贝克书中所描述的风险社会。在这个充满高风险的社会里，人与人之间的关系变得非常密切，在各种事件中人们都建立起了有形或无形的联系。在当代社会，为了有效地应对风险，必须建立行之有效的风险沟通机制，这一点已成为人们的共识，同时风险沟通也被认为是风险管理的重要环节和手段。

风险沟通最初于 20 世纪八十年代是作为一种工作策略出现于美国的环境保护部门。其目的是通过向公众传递和解释专家对环境风险的评估结果，以便公众能够理解和接受环保部门在专家评估基础上制订的应对风险政策。后来，随着这种工作方法被应用于健康、安全等风险领域，风险沟通逐渐成为一种普遍的风险管理策略，并得到发达国家政府机构、科学界和学术界的认同。目前，关于"风险沟通"这一概念最具权威性的定义是美国国家研究委员会于 1989 年给出的：风险沟通是个人、群体和机构之间交换信息和看法的互动性过程。这一过程涉及多种多样的信息，既包括有关风险性质的信息，也包括表达关切、看法的信息，或者对风险信息或风险管理的立法和机构安排作出反应的信息。

创造"风险沟通"的目的，是引导政府、企业和公众三方之间对于一些公共性事件进行理性的沟通和对话，最大程度上让信息迅速、及时和公开地在三者之间流动，降低风险所带来的损失。沟通的关键在于对话机制的建立与完善。以往很多公共性事件会引发群体性危机，往往是由于这三大主体之间缺乏及时的沟通和对话，信息和诉求不能畅通无误地进行传达。风险沟通至少包含三个要素：传递或交换的风险信息，风险传播主体之间的互动，以及一种有目的的行为，即主体间信息、意义的传递和分享。在这个过程当中，作为传播主体和沟通桥梁的新闻媒介，发挥了重要的中介作用。

风险的不确定性和不可预测性使原来仅靠专家、政府就能解决的问题变得复杂和难以解释。风险沟通同样需要公众的广泛参与，而公众的参与离不开媒体。公众通过媒体获知风险信息和政府的对策，通过媒体发表对于风险的看法和定义。贝克在其《风险社会》一书中认为：风险在知识里"是可以随意被社会界定和建构的"。因此，与科学和法律等专业共同掌握着界定风险的权力的媒体，在风险的建构和治理过程中起着至关重要的作用。本研究以"4·6漳州PX项目爆炸事故"为例，分析媒体在风险沟通中的作用。

二、"PX项目爆炸事故"的重要媒体报道

2015年4月6日18时55分左右，在福建漳州古雷，腾龙芳烃PX项目发生一场爆炸事故。事故起因是33号腾龙芳烃装置发生漏油着火，引发装置附近中间罐区3个储罐爆裂燃烧。截至2015年4月7日7时，共有6人因伤住院治疗。其中，现场受伤1人，玻璃刮伤5人。截至2015年4月8日，救援工作已出动消防车辆122部、官兵610名。有公安干警350名、边防官兵105名、现场执勤、防化部队、海防官兵、民兵预备役共300多人现场待命。

据新华社、央广报道，4月6日下午发生的漳州古雷石化大火经全力扑救，至9日凌晨2时57分被扑灭。福建省安监局局长陈炎生4月9日上午说，此次爆炸初步定性为安全生产责任事故。同时，成立事故调查组对事故原因进行调查。至此，该事故开启追责模式。

4月10日，《新京报》以"安全连锁系统为何失效""百米外的油罐为何被引燃""开工不到两年为何两连爆"连续三个追问，对漳州古雷 PX 项目所存在的问题进行报道。随后，新浪网、凤凰网和腾讯网等各大新闻门户网站，均以热点头条的形式，转载此文，事故正式进入舆论追责阶段。

三、媒体在风险沟通中的作用

在突发性公共事件当中，媒体既是风险沟通的媒介也是风险沟通的主体之一。媒体对涉及受众切身利益的信息的传播，对民众诉求的表达，对政府政策和公告的解释，对网络舆情的引导和监督等都能够将隐藏的风险凸显或具象化。信息公开透明程度越高，越是能得到及时的传播和扩散，政府、企业和民众之间越能够及时地进行沟通和对话，风险带来的伤害和损失也将大大减小。如果媒体没有充分利用自己影响力大、传播范围广的特点，对某些跟公众密切相关的信息进行遮蔽或者扭曲报道的话，必然带来风险沟通的失衡，政府、企业和民众这三者之间的矛盾也将加大。在风险社会中，传播媒介具有再现风险和对风险进行预警的正面作用，这在"4·6漳州 PX 项目爆炸事故"中都有所体现。

（一）风险告知：为受众提供及时、准确的风险信息

当一个突发性事件发生时，媒体要有敏锐的新闻敏感，能够迅速判断该事件对公众和社会会造成什么样的影响，预测其可能产生的危害和后续的走向。须从政府、企业、相关民众等多个信源手中获取新闻信息，进行核实，力争为公众提供有效的风险告知。而要做到这一点，媒体人在平时的工作中，就要不断训练自己敏锐的判断力和快速的反应能力。当事件发生时，能迅速反应，通过多个渠道了解事件进展，从权威方弄清事情的来龙去脉，争取在第一时间给受众提供真实、有用的信息，将风险景象客观地呈现在民众面前。

　　新闻工作者要做到在发生突发事件面前临危不惧，有条不紊地开展各项工作，就必须具有较强的新闻职业素质。新闻工作者要在平时的工作中不断积累经验，加强自己对各类事件的判断，密切关注与人民群众生活和安全息息相关的一切事情。当记者预感到风险要降临时，要快速将风险信息真实、准确地传递给受众，为受众答疑解惑，拉响警报。在"4·6漳州PX项目爆炸事故"发生一个小时左右后，"@漳州消防"发布第一条信息告知古雷腾龙芳烃PX项目联合装置区发生爆炸，漳州消防第一时间调派古雷消防大队到场救援，并调集着火点附近的漳浦、云霄、东山等地的相关力量前往救援。整条微博虽然不足百余字，却将事故发生的时间、地点、原因及现场救援情况清晰地表达出来。随后，新华社新华网、人民网等主流媒体以"@漳州消防"为第一信源转载了此条消息，较为及时地向公众告知了这一事件的主要内容，有效地避免了猜疑和谣言的滋生，让公众在第一时间了解到该事件的进展和现场情况，解除了受众的疑惑。

　　在资讯日益发达的现代社会，借由移动互联终端网络的发展，人们获取信息的渠道增多。只要拥有一部手机，人们就可以搜索到自己想要的各种信息。在这样一种现实情境下，当突发性公共事件发生后，关于此事件的信息会从各种媒介涌现出来，"人人都有麦克风"的时代信息的发布早已不是专业媒体独有的权力。如果这时新闻媒体没有掌握主导权，没有对事件进行及时的报道和传播，那么一些谣言和不准确的信息就会迅速滋生并影响公众的判断，严重时甚至还会引起群体性恐慌和危机事件的发生。作为信息发布主体的新闻媒体，在风险沟通中第一位的作用就是提供真实准确的信息，对公众进行风险告知，解除人们的疑惑，满足大众的知情权。

（二）风险交流：为大众搭建沟通平台，呈现多方意见

　　早期的风险沟通遵循单向的专家决定模型（Technocratic Model），即风险评估（专家）——风险管理（政策制定者）——风险沟通（面向公众）。

其关键是，专家将风险发生的概率及影响通过媒介最大限度地传递给公众。在这一模式中，专家居于主动地位，社会公众对于"什么是风险，风险的几率有多大"这些问题，只能听命于专家。公众只能感知风险，而不能定义风险。[4]

媒体在其中的作用是成为专家与民众沟通的平台。一方面，呈现专家的观点、立场；另一方面也将民众的理解、认识呈现出来。让公众与专家在平等、和谐的对话过程中，建立信任、消除恐惧、提高风险认知。在这次"PX项目爆炸事件"中，当地民众最关心的问题是爆炸所泄漏、挥发的化学物质是否会影响当地的空气、土壤和水源，是否会对当地居民的人身安全造成危害。

而新华社以名为《福建漳州PX项目爆燃事故未造成环境污染》的报道，详细地报道了事故处置指挥部安排50余名环保监测人员开展环保应急监测工作。"当前事故废水已全部收集入应急池，在下风向三个重点村设立监测点，未检测出超标污染物。""漳州海事部门共出动船舰4艘次，疏散在港船舶13艘至安全水域，疏散人员约200人，未发现辖区水域污染的相关情况。"该报道在一定程度上，对公众所关心的问题作出了积极的回应，在一定程度上为有效地稳定当地居民情绪、消除群体性恐慌、配合救援救灾行动起到了积极的作用。

然而，在中国的语境下，公众对政府与专家存在的信任危机由来已久。特别是在公共安全事故发生时，作为利益相关方的政府，很难取得公众信任。而由专家主导的单方面风险认知信息的传递，如果没有得到公众的回应，风险交流的效果就将大打折扣。所以媒体将权威、科学、专业的信息呈现出来的同时，也要呈现出公众对于此事件的回应，这样才能形成有效交流的状态。4月8日，《东南早报》将报道的重点聚焦在该爆炸事件发生对周围地区的影响，报道称，离爆炸地点两三公里的古雷镇岱仔村村民怀疑海水遭到了污染，因为他养殖的上万条海马在爆炸后一夜之间就漂浮起来，已造成部分海马的死亡。媒体的报道呈现了处于风险之中的公众的状态以及疑惑。然而，仅就这条新闻而言，令人遗憾的是，媒体没有完成牵线搭桥的工作，没有提供一个专家与公众在主流舆论场平等对话，消除公众疑惑的机会，截至完成本论文时，并没有任何专家及科研机构对上述现象作出合理的解释。

（三）风险批评：开展舆论监督，引导舆论

舆论监督是媒体作为社会公器的重要特性，媒体正确行使舆论监督能够在法律、道德层面使整个社会以及社会个体，沿着良性的轨道发展。在突发性公共安全事件中，媒体的舆论监督功能，主要体现在媒体以监督者的角色介入风险事件当中，不仅通过报道帮助公众形成风险认知，提高风险预警，而且还监督政府、利益相关主体、机构组织的风险处理与决策，从而达到消解争议，达成共识的目的。

在"漳州PX项目爆炸事故"中，相关媒体通过开展舆论监督，设置议程，成功引导舆论。在对救灾实况、居民转移、周边影响等议题进行报道后，4月6日下午，央广新闻报道将"漳州PX项目爆炸事故"初步认定为"安全责任事故"的官方定性。

随后，舆论开始转向追责程序。4月8日，《环球时报》发表评论《漳州爆炸须严查PX建设应挺住》。文章强调："漳州这起事故须得到全面、严格、及时调查。有报道称，这家工厂曾在两年前出过事故，为何现在又出更严重的爆炸，公众有知情权，调查机构有搞清情况并向社会及时通报的义务。"4月10日，《新京报》以三连问的形式展开报道，质问当地监管部门的安全监管，以及腾龙集团的生产管理。随后，《人民日报》以《产品再低毒，人是决定性因素》为题发表评论，提出："必须对所有漏洞一查到底，必须对所有责任一追到底，PX项目才能守住安全大堤，PX产业才能走出困局。"

可以看出，在事故的初期，媒体报道以风险告知为主，而在事故救灾结束，在媒体的引导下舆论的导向偏向舆论监督。在此事件中，通过舆论监督，媒体能够将环境破坏的敏感话题，引向安全责任生产的问题，从而降低 PX 项目本身进一步被妖魔化的可能。另外，通过舆论监督，能够明确责任主体，消除公众心中的疑虑，将此次事件所带来的社会恐慌降到低点。

结　语

风险的化解端赖于风险沟通，而平等双向的沟通则是化解风险的前提。在中国风险领域中，媒体介于风险管理者和公众之间，扮演风险沟通的重要角色，即要求媒介扮演着政府和社会各方的"中间人"角色。只有充分认识到媒体在风险沟通中的作用，才能更好地在风险事件中利用媒体的力量去组织、引导各方的力量，化解风险，转危为安。

参考文献

[1] 郝希群. 媒体在风险沟通中的作用和机制——以"哈医大杀医"事件为例[J]. 新媒体与社会,2012(3):132-142.

[2] 华智亚. 风险沟通中的媒体责任[J]. 理论月刊,2013(9):113-116.

[3] 许静. 社会化媒体对政府危机传播与风险沟通的机遇与挑战[J]. 南京社会科学,2013(5):98-104.

[4] 赵士林. 突发事件与媒体报道[M]. 上海:复旦大学出版社,2006:118.

[5] 郭小平. 风险传播与危机传播的研究辨析[J]. 媒体时代,2014(1):24-27.

谈新媒体新闻的新闻价值

杨艳琪

（北京印刷学院，北京 100026）

【摘 要】新媒体新闻与传统新闻相比，无论是内容还是形式，都具有自身的特点，其新闻价值的体现也有所不同。文章将从延展性、接近性、参与性和娱乐性等几个方面，来探讨新媒体新闻的新闻价值。

【关键字】新媒体；新闻；新闻价值

相比于传统媒体新闻和门户网站的新闻，新媒体新闻具有自身的特点，但同时其新闻价值要素也有所不同。下面我们就来探讨一下新媒体新闻，或者说"草根新闻"的新闻价值，主要以微博新闻为例。在微博上，人人都有麦克风，人人都有发言权，我们可以把微博新闻叫做"草根新闻"。这些新闻大多不是专业的新闻生产者生产的，发布微博新闻的人水平有高下，参差不齐。微博新闻的发布者不仅很少有专业新闻的水准，有的甚至文字的基本功力都不具备，但是微博新闻的影响力却是巨大的。微博转载的新闻，我们称之为"病毒式的传播"，其传播速度快、范围广。那么微博新闻的新闻价值应该如何去衡量和看待呢？

首先，延展性。微博新闻的延展性越大，其价值含量就越高。也就是说无边界，通过网民自发地挖掘新闻的各个角落，来使新闻的内容更加丰富和多元。微博新闻是一种自发行为，唯一的关于新闻格式和内容的规定，所发布的内容要在 140 字以内。微博用户只要不突破 140 字的发表限制，都可以自由把握。微博新闻没有标题，没有固定的格式，反而在客观上形成了一种去标签化和去中心化的新闻价值。在比较正式的新闻稿件中，一般都会有一个标题，而标题的简短、扼要，很容易给新闻事实贴上标签。但微博新闻没有标题，没有标题就没有这种主观拟定的标签式的概括，微博新闻的发布者只是在 140 字的范围内阐述新闻事实。也就是说，微博新闻的读者直接阅读的不是被概括的新闻事实，而是具体呈现的新闻事实。所谓去中心化，是指微博新闻没有严格的一事一议或者一个消息一个主题的概念。正式的新闻稿件，一般的写作要求是一篇稿件只能有一个主题，一篇稿件只能呈现一个新闻事实，也就是说正式的新闻稿件都是有一个中心点的。而微博新闻稿件则没有这样的中心，而是以微博新闻的发布者的叙述逻辑和情感逻辑为准。这样没有中心的新闻事实呈现，虽然会有可能妨碍阅读和理解的便利，但是也会为微博新闻读者的各取所需提供方便。同一个新闻事实，微博新闻发布者可能呈现的是发散的状态，读者可以从一篇微博新闻中提取各种信息。例如，"郭美美事件"。郭美美在微博炫富而迅速成为网民关注的焦点。2011 年 6 月 20 日，郭美美在网上炫耀其名车豪宅的奢华生活，并称"自己是中国红十字会商业总经理"。其年轻的脸庞、奢华的名包名车、特别的头衔立刻在网络上引起轩然大波。据百度百科称："郭美美事件"就像是一部悬疑电视剧，精彩情节不断涌现，众多谜团待解。网友再次有惊人发现，中国红十字会有工作人员办企业经商。7 月 1 日，有网友在微博上爆料称："中国红十字总会募捐箱办公室主任张赢方，既是红十字世博温暖基金副主任、红十字传播基金副秘书长，同时竟然也是一家叫做'心动中基传媒'公司的总经理。"但有媒体就此向中国红十字总会求证，红十字总会却没有正面回应。与此同时，网友惊奇地发现，这条微博出来没多久，与"张赢方"相关的一些网页陆续被删。从这段叙述可以看出，郭美美新闻事件的延展性在微博上体现得非常明显，而其延展是由拥有雪亮眼睛的众多网众提供的。网民通过不断地挖掘和爆料，使这一事件跌宕起伏，高潮频出。其影响力很大，对红十字会的募捐额造成了极大的影响。民众对红十字会的信任度也急剧下降。这个不断被丰富的无边界的有着无限延展性的新闻事件，无疑是微博新闻中很有价值的新闻事件。

其次，接近性。对于传统新闻来说，衡量新闻价值的标准之一就是接近性。据刘海贵《新闻采访写作新编》中讲："接近性是指新闻事实具有令人关切的意义。这种接近主要是指地理、职业、年龄、性别、心理及利害关系等方面的接近。一般情况下，离读者身边越近、关系越密切的事，就越为他所关注，新闻价值也就越大。"①

而对于新媒体新闻来说，接近性更是衡量其新闻价值的一个最重要的因素。但是这种接近性不是指与地理、职业和年龄等方面的接近，而是在阶层、直觉和情感上的接近。对于使用新媒体的网民来说，大部分都属于草根阶层。从阶层这个角度讲，他们所关注的新闻焦点也比较接近。比如，他们更关注普通人身上发生的不普通的事情，更关注身边发生的新闻。相比于传统新闻衡量新闻价值的标准——重要性和显著性来说，他们并不是特别关注权贵、政要和各种会议，那样的生活离他们太过遥远。例如，2013年1月12日，"江苏身边事儿"发的一条微博：四代单传南京一儿媳被迫打"生男针"——家住秦淮区的老朱家四代单传，随着儿子结婚后，朱老太太开始动起了心思。日前，她带着儿媳妇来到南京市妇幼保健院询问专家，是否可以通过注射碳酸氢钠，让儿媳妇的体质变成碱性体质，争取一举得男。当场被医生严词拒绝了。

像这样发生在身边的普通人的稀奇事儿最能引起他们的关注和转发。陈力丹在《新闻理论十讲》一书中谈到："与强调新闻价值相反，现在还出

---

① 刘海贵. 新闻采访写作新编[M]. 上海:复旦大学出版社,2005.

现了'反新闻价值'的新闻选择标准。当然，论证者不是完全反对传统的新闻价值理念，但是强调以'亲社会意识'来校正以往的选择标准，反对新闻传播中对弱势群体的歧视。比如，传统新闻价值强调在名人身上出新闻，现在有人提出，在小人物身上出新闻。"①

其实这里所谓的"反新闻价值"的新闻选择标准，正是微博新闻的新闻价值标准。由于其阶层上的接近性，微博新闻更偏爱小人物身上出的新闻，而且微博新闻更接地气。相比于传统新闻的高大上，微博新闻没有阶层平衡的必要，也没有宣传的功能，与社会无缝对接。再比如《人民日报》的一则微博：湖南5名大学生暴走300多公里回家：再不疯狂就老了——这5个穿着冲锋衣、背着背包、拿着登山杖的90后大学生，来自湖南财政经济学院和湖南商学院。12日这天，他们选择从长沙徒步回到郴州老家，预计耗时10天，行程300多公里，用自己的"铁脚板"印证一句话：再不疯狂我们就老了。

这样的小人物身上的新闻是很受微博用户关注的。其次是直觉上的接近。微博发布和转发新闻的人，都不是以传统意义上的新闻把关人的标准来衡量取舍的，而是从直觉上认定这新闻是值得发布或转发的。这种直觉是普通人对新鲜事儿的敏感。也就是说，网民在发布和转发新闻时，只要这则新闻与其兴趣点有吻合之处，即可成为他们关注的新闻。那么这种敏感在新闻的选择趣味上有相近之处。这种直觉上的接近，是平凡人在长期的平凡生活当中积累起来的新闻敏感。再一个是情感上的接近。普通人的七情六欲是最为相似的，所以他们的情感也有接近性。尤其是他们在微博发布或者转发新闻时，往往会附带自己强烈的主观感受。这一点和传统新闻有大不同。传统新闻最为讲究的是客观叙事，以免因为暴露了记者的主观感受而影响受众的判断。但是微博新闻却与之相反，微博新闻发布时，往往伴随强烈的主观感受。而读者在阅读此类新闻时，往往更愿意相信新

---

① 陈力丹. 新闻理论十讲[M]. 上海:复旦大学出版社,2008.

闻发布者的感受是最真实的。这样他们更容易感觉到此新闻的真实可感，有如身临其境。这种情感上的接近性，是微博新闻价值的一个重要体现。例如，对弱者的同情，对贪官的愤怒，对正义的渴望等。这种情感结构的相似性，是微博新闻迅速集聚人气的重要因素。还有一个是语言上的接近性。网民看惯了传统新闻稿件严谨的语言表达，客观的叙述方式，对微博上用口语化、生活化的语言发布的新闻，其所产生的熟悉感和亲切感自然很强烈。这样的语言表达方式通俗化、生活化而且流行化，接近网民们的语言习惯，所以更容易被认同和接受。

再者，参与性。对于新媒体新闻来说，参与的人数也是衡量其新闻价值的一个标准。对于新媒体用户来说，其参与新闻的途径一般是两点，一是转发，二是评论。一个新闻事实，如果能引起网民转发的欲望，就体现出其价值了。转发的人越多，其价值就越大。如果能够引起网民评论的欲望，那价值就更大一些。网民的评论分为两种，一种是简单地站队，简单地表明态度和立场；另一种是旗帜鲜明地表达自己的观点，针对新闻事件发表自己的评论。在网络中，也存在着沉默的大多数，但是当很多人都选择不再沉默，而要针对某一新闻事件发出自己的声音时，可以想见这条新闻刺中了很多人的神经，那么这条新闻的价值就已经凸显。

还有，娱乐性。在新闻学界关于新闻价值要素含量的理论中，其中会提到趣味性这个要素。在刘海贵的《新闻采访写作新编》一书中这样描述道："趣味性是指新闻事实具有令人喜闻乐见的意义。西方资产阶级新闻学一般都把读者兴趣作为新闻的基础和试金石。因此，在他们看来，衡量新闻价值的真正要素，乃是趣味性。"[①]

由此可见，所谓趣味性简单地说，就是指读者对新闻事实愿意看、想看、喜欢看。但是对于新媒体新闻来说，娱乐性的提法要比趣味性更合适一些。这是因为，趣味性只是读者在阅读新闻的时候有兴趣看，看完觉得

① 刘海贵. 新闻采访写作新编[M]. 上海：复旦大学出版社,2005.

有趣而已。而在新媒体新闻中，受众需要的则是在阅读转发和评论新闻的时候获得快乐，甚至因为参与新闻的转发和评论而达到一种狂欢的状态。在何敏的《对新媒体传播中大众文化心理的透视》一文中这样写道："网络空间的生成，似乎将巴赫金研究的狂欢广场式的生活变成了一种生活状态。网络世界与现实世界相比，充满着大众性、颠覆性和娱乐性的特征。"①

新媒体新闻的娱乐性是其很鲜明的特点，人们因其在网络空间的虚拟身份，几乎可以肆无忌惮地调侃玩笑，当然，也有可能在娱乐的背后，揭示出一个严肃的现实命题。从芙蓉姐姐到凤姐，网民们在网络新闻中找到了一个又一个能让他们尽情娱乐的对象。当对一个复杂而又严肃的问题无法轻易下定论时，网民也能够用一种娱乐的心态去对待，例如范跑跑。范美忠在四川大地震中的行为和后来的言论，颠覆了中国几千年来的师德观。在网民大跌眼镜，却又被这种新奇的言论而迷惑的时候，网民用一种娱乐的心态表达了自己的迷茫。他们把范美忠称为"范跑跑"，还制作了《范跑跑之歌》和一系列的搞笑视频。虽然在用娱乐心态对待这个未解的现实命题，但是这个新闻事件的影响却在网民的娱乐中不断地扩大延展，形成了一个有价值的新媒体新闻事件。

①　何敏. 对新媒体传挡中大众文化心理的透视[J]. 新闻界,2011(8):92.

未来新闻编辑部的三种形态构建

苏 瑜

（北京印刷学院，北京 102600）

【摘 要】 新媒体的出现对传统媒体带来了前所未有的冲击，具体表现为传统报业的倒闭或转型、传统新闻从业者集体出走或跳槽。有学者认为，新媒体（或网络媒体）才是新闻行业的未来，传统新闻行业，如报纸和电视，不转型将会灭亡。文章在整个传媒行业复杂多变的环境下，通过对传统媒体与新媒体的研究，以国外成功案例为借鉴，结合我国的传媒行业的实际情况，就未来中国新闻编辑部的发展方向进行深入探讨，并就目前的中国传媒行业已具备的基本条件提出三种科研设想，即未来新闻编辑部的三种形态：多媒体新闻室、机器人记者室和新闻众筹室。

【关键字】 新闻编辑部；新媒体；多媒体新闻；机器人记者；新闻众筹

在传统的新闻编辑部，职业的新闻记者作为新闻的主要生产者，通过召开记者编前会、外出采编等工作后，将新闻素材经过整理编辑成文，再通过新闻编辑的层层把关，新闻最终才得以呈现在大众眼前。在报社，记者写稿、编辑审稿、美工排版、机器印刷；在电视台，记者拍摄、撰稿、剪辑、合成新闻，这是传统新闻编辑部的日常写照。然而当新媒体逐步影响和渗透到传统媒体的方方面面时，首先改变的是传统媒体的运作方式。网络的快速便捷、题材的丰富多样，传者与受者关系的模糊与共存，使记者的职业性逐步弱化。新闻编辑室的形态也在发生变化，传统媒体将迎来一场全新的变革。在此特殊的背景和环境下，传统媒体不得不寻求新的出路，开始探寻媒介融合的创新性举措。西方国家是媒介融合的先行者，最先进行的是传统媒体的网报改革。例如，《纽约时报》《华尔街日报》的报网合一。中国的新闻媒体在不断地借鉴西方成功经验，探索属于自己的中国化媒体发展之路。例如，《人民日报》也开始打造报网一体的模式，其微博运营在新媒体中有很好的反响。因此，中国的新闻媒体在转型和改革的道路上将如何发展？未来的新闻编辑部会是什么模样？笔者根据对传统新闻编辑部与新媒体的新闻编辑部进行研究，提出未来新闻编辑部的三种形态构建。

一、多媒体新闻室——基于现实新闻行业的状况

"多媒体"一词最早来源于音乐领域，一个名为平克·弗洛伊德的美国摇滚乐队初次使用并获得良好的效果。他们将不同的影像元素运用到自己的音乐录像中，让听众在享受音乐的同时增加了视觉上的感受。随后，多媒体一词开始受到各行各业的关注，特别是在信息与广播电视行业使用广泛，其含义根据不同的行业性质不断变化。根据我国传播学者郭庆光的定义："所谓多媒体，指的是使用数字压缩和网络技术将广播、电视、电话、传真、电子出版、计算机通信等各种信息媒介联成一体，对声音、影像、文字、数据等进行一元化高速处理并提供给用户的双向信息系统。"[1]如今，网络让多媒体的功能和效果最大化，正如同麦克卢汉所说，媒介即人的延伸，视、听、说、声、光、影在网络平台得以统一呈现，网络如同人的各种感觉器官一般，实现了多种媒体的同步使用。因此，网络改变了传统新闻行业的状况，从而奠定了未来新闻行业的发展方向，报纸、广播、电视

等多种媒介形式的新闻播报都能借助网络平台呈现。

　　基于目前我国新闻行业的状况，首先，报业传媒集团纷纷打造报与网的统一发展模式。例如，《新快报》在2007年推出了网络数字报刊，并宣称这是中国最早的网络报纸，《广州日报》和《广州日报》移动数字版、《人民日报》和人民网的报网合一等。其次，广电传媒集团也开启了传统电视频道与网络电视视频的融合，中央电视台与央视网、湖南电视台和芒果TV，浙江卫视和中国蓝TV，均成功地借助网络平台实现了电视与网络的统一。再次，随着互联网移动技术的进步，网络与手机移动终端也进行了融合式的发展，真正实现了随时随地看新闻的快捷方式。报纸、广播、电视、网络、移动APP等多种媒介融合将开创全新的多媒体形式。因此，在此基础上，未来新闻编辑部的第一种形态将会是一种利用多媒体全方位播报新闻的形式。多媒体新闻室的构建将会成为可能并逐步实现。未来新闻编辑部的记者将更专业化、更全能化，让受众更直观地获取新闻资讯，并能够享受到多元化、多感受和多体验的新闻服务。

二、机器人记者室——基于新媒介技术的推动

　　未来新闻编辑部的第二种形态称为"机器人记者室"。基于新的媒介技术的推动，用机器人来代替记者写新闻报道变得不再遥不可及。据《纽约时报》报道，机器人记者的研发很大可能会获得"普利策新闻奖"。用机器人来代替专业的新闻记者写新闻，在新闻领域无疑是一件创新性的举措。这项举措在提高新闻的时效性与客观性方面有跨越式的进步。对于传统的新闻行业来说，不仅受到新媒体的冲击，机器人记者的发明将给整个记者行业带来的是空前的挑战。美联社曾表示，与多年来记者撰写的类似稿件相比，使用机器人记者撰写新闻，自动化系统的错误更少。2015年11月，我国新华社发布了一篇报道，宣布正式启用机器人记者"快笔小新"撰写新闻。机器人记者成为了新华社的一名员工，正式走进了我国的新闻传媒

行业。[2]从传统的新闻记者采写新闻,到机器人记者完成新闻这种方式的转变,可以说是媒介技术发展的又一大创举。但是,对于机器人记者代替人类记者撰写新闻的评价褒贬不一。不少学者认为,机器人记者不能代替人类记者本身,因为很多调查性报道是机器人记者无法完成的,机器人记者对人类记者而言起到的是辅助的作用,能全面提高新闻采写的效率。

伴随着媒介技术高速发展,新闻行业将会呈现出更智能化的一面。如果机器人记者在新闻编辑部得到广泛应用,那么未来新闻编辑部的机器人记者室的构建就会得以实现。机器人记者编写的新闻稿件基本上是根据固有的新闻模板撰写。例如,体育赛事、外汇涨跌幅度播报、突发事件、快讯和简讯等,机器人记者在数据采集与加工、自动写稿、编辑签发方面还是能起到很大的作用。因此,机器人记者根据其优势能更好地把握新闻的时效性和客观性,分担了人类记者的新闻采写工作负担,人类记者能够将精力更多地放在专业化的观点新闻和深度新闻上,整个新闻行业的效率也将得到提升。总的来说,机器人记者在未来的新闻采编工作中扮演着重要的角色,机器人记者室的构建也将会成为未来新闻编辑部中不可或缺的部分。

三、新闻众筹室——基于深度新闻未来的发展

除了传统的新闻行业现状和机器人记者的运用之外,为了追求更高质量的新闻报道,新闻众筹模式将会成为未来深度新闻发展的一个方向,新闻众筹室将会是未来新闻编辑部的第三种形态。新闻众筹,顾名思义就是在限定的时间内,人们(记者或是自媒体人)以自发和制定规则的方式公开地筹集资金,利用众筹平台发起新闻报道计划,并在参与众筹项目中获取相应的回报的一种公开的新闻制作模式。新闻众筹是一种利用集体的智慧和金钱来制作新闻的方式,它的发展可以追溯到传统新闻行业中出现的新闻线人。1982年元旦,《羊城晚报》24小时新闻热线的开通具有标志性

意义，但此时的新闻线人仍然无报酬之说，新闻线索仍需依靠热心市民。而到了1994年，《浙江日报》记者万润龙为了抢到"3·31""千岛湖惨案"的线索向线人支付了1000元，在国内开辟了向新闻线人支付报酬的先例。在日趋激烈的传媒竞争中，报社要想方设法获得最快最新的新闻源就必须寻找或培养新闻线人，新闻线人便在此背景下得以出现。他们总是最先出现在新闻事故的第一现场，他们总是新闻事件的直接目击者，他们总是第一个打进新闻热线电话的人。因此，他们被认为是距离新闻最近的人。新闻众筹是新闻线人的延伸，从新闻线人到新闻众筹，均扩大了新闻的来源，丰富了新闻的选题，从而增加了新闻的深度。在未来的新闻众筹室，职业记者集思广益，大众集体参与，利用集体的智慧挖掘真正贴近大众的新闻价值，让新闻源于大众，服务于大众。

目前，新闻众筹在中国已经有了尝试。作为一种创新性的新闻生产机制，新闻众筹要获得长足的发展，还须完善新闻体制和加强网络监管，并结合中国整个传媒行业的发展状况进行探究和实验。未来的新闻编辑部，新闻众筹室的成功构建还需要依靠未来社会中全民媒介素养的提升，才能更好地利用集体的智慧来挖掘深度新闻，也为新闻业朝着专业化、全面化、观点化和专题化的发展奠定基础。因此，基于深度新闻未来的发展，新闻众筹室是未来新闻编辑部中最具发展潜力的一种形态。

结　语

在媒介融合的背景下，传统媒体与新媒体形成了相互依赖，同生同存的关系。"互联网+传媒业"的发展时代，媒介融合的趋势也为未来新闻编辑室形态构建提供了依据。多媒体新闻室是传统新闻编辑部的发展和延续，机器人记者室是新媒体技术推动下的智能采编模式，新闻众筹室扩宽新闻的深度与广度。就目前的现实条件而言，多媒体新闻广泛运用并逐步完善，机器人记者在我国已经开始试用，新闻众筹已见雏形。总体来说，未来的新闻编辑部将会呈现不一样的崭新的风貌。基于现实的发展和预测，多媒体新闻室、机器人记者室、新闻众筹室将会成为未来的新闻编辑部的三种形态。

随着网络技术的不断进步，传媒行业的飞速发展，未来新闻编辑部的形态可能远远不止这三种，笔者对未来新闻编辑部可能出现的形态还作了以下设想：除了多媒体新闻室、机器人记者室和新闻众筹室，未来还可能出现社交化媒体编辑室、新闻用户体验编辑室等。媒介融合的时代将是一个崭新、多元的时代，这需要新闻传播领域的研究学者、新闻媒体的从业人员以及广大的受众共同去探索和创造。

参考文献

[1] 郭庆光.传播学教程:第2版[M].北京:中国人民大学出版社,2011:124.

[2] 余晓洁,吴丹妮."快笔小新"上岗,新华社启用"机器人记者"[EB/OL]. http://news.xinhuanet.com/mrdx/2015-11/07/c_134792524.htm

新媒体时代电视新闻节目发展探究

宋罗子秋

（北京印刷学院，北京 102600）

【摘　要】 随着科学技术的发展，进入 21 世纪后，"新媒体"俨然已经成为一个热门的关键词，新媒体作为一个统筹媒体被提及。准确来说，新媒体即是数字化媒体，包括数字报纸、数字广播、数字电视等综合了传统媒体的各类形态。伴随着新媒体的演进和发展，对传统媒体而言既是挑战又是机遇。随着电视新闻节目的不断革新，电视新闻节目如何在新媒体时代下保持一个良好的发展态势？文章主要探讨了新媒体时代的电视新闻节目的发展，指出了中国电视新闻节目的现状，提出了如何更好地发展新的媒介环境，并创想了电视新闻节目的前景。

【关键字】 新媒体新闻；电视新闻；发展趋势

李克强总理在第十二届全国人民代表大会第三次会议上所做的《政府工作报告》中提出，要制定"互联网+行动计划"。这意味着互联网技术已逐渐被重视。随着网络技术的发展，人们获取新闻不再局限于广播、电视、报纸这些传统媒体。根据中国互联网络的信息（CNNIC）统计，截至 2015 年 6 月，中国的网民总人数已经达到了 6.68 亿，互联网普及率为 48.8%；[①]

[①] 中国互联网络信息中心。

且这一数字还在不断增加。这些数据也表明当今人们越来越依赖手机、电脑等新兴媒体，这必然导致传统媒体被忽视。基于此，电视新闻行业不得不变革以适应新媒体带来的巨大冲击。在国内，以中央电视台和凤凰卫视为代表的电视媒体在新媒体改革之路上已经获得成效，这也导致了全国各大电视台争相效仿。

一、我国电视新闻节目的发展现状

我国电视新闻节目经过数十年的发展，曾经辉煌一时，其新闻类型的时效性与权威性至今仍无法超越，在人们心目中的影响也根深蒂固。在我国落后的农村山区，网络覆盖率低，人们获取新闻的方式主要还是通过广播和电视。而在我国的发达地区，数字化媒体已经普及，人们更多地是通过方便、快捷和及时的网络来获取资讯，电视新闻节目在发达的城市不免"黯然失色"，因此电视新闻节目不得不变革，以求在新媒体环境下分一杯羹。诚然，电视新闻节目要想立足，必然离不开党和政府的支持，也离不开电视新闻节目自身的创新。在变与不变当中，电视新闻节目应该坚持什么，如何应对新媒体的挑战，如何赢得更多的受众，这些都是我国电视新闻节目所面临的问题。只有解决好了这些问题，才能使我国电视新闻节目得到长足发展。

（一）电视新闻娱乐化明显

有报道指出，21 世纪是一个娱乐化综艺节目当道的时代。相比于热闹的综艺真人秀节目，电视新闻节目是比较寂寞的。在媒体的激烈竞争态势下，各大新闻媒介更倾向通过娱乐化手段争抢受众，以提高新闻节目收视率，这无形中颠覆了电视新闻节目的影响、受经济利益的驱动，电视新闻媒体使出浑身解数，不再以独家权威自居，更多的是接地气，迎合受众口味。在内容上，紧跟潮流，时不时增加一些明星花边新闻、名人趣事等内容。有些甚至过分对人情味进行夸大渲染、煽情，企图通过刺激眼球的方式走进受众内心。有些电视媒体更是千方百计地在政治新闻、经济新闻等严肃的新闻节目中挖掘其娱乐元素，虽然经济利益达到了，可这并不是长久发展之计，甚至会导致受众审美疲劳。随意插播广告，忽视电视新闻的严肃性，这将削弱电视新闻的公信力。

（二）电视新闻节目的传播方式多样

在新媒体格局下，电视新闻节目为了更好地适应新媒体的发展，并试图保持自己传统媒体的主流价值，随着广播电视技术的发展，电视新闻类节目的播放方式明显趋于多样。不少电视台纷纷创新电视新闻节目的报道方式，不再采用说教式的口吻，在采编方式上也做了革新。由于信息的及时性，而电视记者却不能及时赶到现场，这就给现场观众增加了不少机会。只要是现场观众通过手机终端拍摄的素材，电视新闻都会为我所用，这更加凸显出了电视新闻的现场性和及时性。电视媒体与新媒体的结合，使电视新闻的传播方式更加多样化。同时，不少电视新闻节目对网络流行语进行模仿，这对电视新闻节目的传播和表达方式也算是一种革新。

（三）电视新闻评论类节目泛滥

在媒体竞争如此激烈的今天，随着微博、微信等网络传播方式的出现，新闻事件的报道更加迅捷，电视新闻的及时性已经受到极大冲击。这迫使电视新闻转变节目形式，转向评论。新闻评论一直以来都受到各大电视台的重视，更有些媒体将新闻评论作为电视台的"灵魂"。中央电视台的评论类节目，一直以来都取得了不错的收视率，各地方电视台也争相模仿，并开办了评论类节目。时至今日，我国的电视评论类节目也趋于完善和成熟，但同时也存在着不少问题。存在的主要问题是：有些评论类节目驾驭于评论专家之上，妄下断言，以一种居高临下的姿态凌驾于评论对象之上；有些评论话题则比较狭窄，点评观点不够深入等。

二、我国电视新闻节目在新媒体时代下的发展策略

（一）提高品牌的影响力

品牌作为一种无形资产，是保持电视新闻生命力和竞争力的不败法宝。电视新闻的品牌化运营应该成为电视媒体经营的主要策略，包括品牌记者、品牌主持人以及品牌制片人等，这三者对电视新闻的影响力是不可估量的。加强电视新闻节目的品牌建设，关键是要积极主动地去挖掘电视内部的资源优势，通过报道的创新性，从独家新闻、独家角度的方式提升品牌影响力。此外，还可以通过调查受众的需求来决定节目的定位，增强受众参与的积极性，提高节目关注度。在新媒体环境下，节目的传播形式也要随着技术的发展进行变革。

（二）不可忽视微博微信的作用

微博、微信在这几年迅猛发展，其方便性和快捷性是传统媒体无法企及的。现在的新闻大多数是微博、微信首先曝光，人们疯狂转发引起广泛影响之后，电视媒体才争相报道。似乎电视媒体总在慢一步，这就给电视新闻带来不小挑战。因此电视新闻媒体应该充分拓展电视的传播渠道，只建立起了微博账号、微信公众号还不够。更重要的是，要经营与维护，与网民进行积极互动。电视媒体的互动性较弱，但微博、微信的出现，也给电视新闻节目带来了机遇。比如，可以通过在微信上摇一摇来搜看新闻节目，以及利用微博话题互动赢大奖的方式来吸引受众。但随着社会的不断发展，受众的需求口味似乎也变得"刁钻"。他们对新闻传播的要求越来越高，不仅要求精准，更要及时、便捷。此外，还要有娱乐性、吸引力。由此可见，如何利用好微博、微信，将是对电视新闻取得长久发展所不容小觑的。

（三）重视电视新闻传播的直播性

虽然一直以来，电视新闻都以声画同步自居，但受到新媒体的冲击，现场直播的电视新闻传播形态已经随处可见。如今，观众在新媒体技术的带领下，可以迅速地知道发生的重大新闻事件，而且这种直播方式也增强了新闻的可信性。但是电视新闻的直播一直以来都是体现电视新闻时效的最佳手段，正像有一句谚语说："不是因为我们走得太远，而是因为忘记了原来的原因。"简而言之，就是勿忘初心。电视新闻传播最突出的特点就是现场性，这是自电视新闻产生以来一直被大家认可的，那么为何电视台不充分利用这个最初的形态发展应对新媒体的强大冲击呢？虽然网络也可以进行直播，可是其内容资源的不足之处仍然远多于传统电视新闻，在受众对信息和新闻审美越来越多元化、个性化的今天，实时信息直播是报导大型突发事件最好的方式。例如，2015 年 8 月 12 日天津滨海新区爆炸事故，发生在晚上 23 时左右，若是哪家电视台能在第一时间赶赴现场进行报道，这不仅能提高电视台的权威性，更能提高电视台的公信力。在新媒体时代，电视新闻节目要积极推进电视新闻直播的常态化。特别是在战争、灾难等突发事件的报道中，应赢得时间，获得最多的现场信息，并赢得观众。这也是电视新闻节目至今仍占据着巨大优势的制胜法宝。

三、电视新闻节目未来的发展趋势

随着新媒体的冲击，电视新闻节目一度不被看好，甚至有人预言电视新闻节目将会终止。然而，电视新闻节目以自强不息的姿态在新媒体洪流中进行自我革新，经过数十年的发展，电视新闻的优势是不可能被短时期崛起的新媒体所颠覆的。在拥有忠实观众的前提下，电视新闻节目只有对自我重新洗牌，才会有更好的发展前景。

（一）　电视新闻节目的网络化

随着"互联网+"的提出，电视这一传统媒体也提出了"互联网+电视新闻节目"。不少电视台都会通过互联网平台增强与观众的互动性，互联网以其开放性、交互性的特点赢得了电视新闻节目的青睐，因此电视新闻节目会不断地通过网络来进行武装，让自己重新出发。电视新闻节目与网络分众，使其更好地发挥电视新闻节目的优势，以新媒体化的方式向社会提供更加全面和更加完善的资讯，利用新媒体信息和网络的观点，取其精华去其糟粕，制作出贴近百姓生活、引导正确舆论、弘扬正能量的新闻节目。

（二）　电视新闻节目的人才化

在新媒体时代，电视新闻节目所需要的人才已经不仅仅局限于只会采写或者只会编播新闻这一层面，电视台更需要的是采写编播全能型的新媒体人才。如今，信息的接受者与发布者的界限越来越模糊，人人都能发布新闻信息。在这样一个环境下，对电视新闻的人才需求更加严格和苛刻。要善于捕捉新闻点，以受众的视角来衡量新闻的价值性。

（三）　电视新闻节目的技术化

技术对电视新闻节目的革新起着巨大的作用，技术的转变对电视行业来说影响是巨大的。比如，暗访所需要的技术设备、现场直播所需要的流畅及时等都给电视新闻带来不小的挑战。除了要以"内容为王"为发展策略，更应该以"内容+技术"为发展理念，提高传播的真实性和专业性，由此实现电视新闻的长足发展。

（四）　电视新闻节目的服务性

在新媒体时代下，人们会根据自身的兴趣爱好从海量信息中选择自己所需要的产品信息，这也促发了电视新闻的服务意识，使不少电视新闻转向服务性，有些电视节目也覆盖了教育、医疗、法律等民生信息，集实用和百科知识为一体，想群众所想，解决群众的困惑，强调实用性和服务性。

总之，因为新媒体不仅改变了信息的生产和传播方式，而且对我们的生产和生活方式也产生了越来越深刻的影响。当今传统媒体处于社会转型中，这不仅是一个机会，更是一个挑战。电视新闻在以前作为媒介的"龙头"，对整个社会文化的影响力无与伦比。在新媒体时代下，电视作为"媒介帝王"的地位遭到了不小的打击，这么多的电视新闻节目要想生存，就应对自身进行变革。在追求自身发展的同时，电视新闻节目也要吸取网络媒体的精华，与新媒体相互融合发展，才能更好地发挥电视新闻节目的优越性。本文作者仅对新媒体时代电视新闻节目的发展问题进行了一些探索，也希望这一探索能对其他学者的研究提供一些借鉴和帮助。

参考文献

[1] 刘畅.论电视新闻传播的发展趋势[J].传播与版权,2015(10).

[2] 季妍.媒介融合形势下我国电视新闻节目形态研究[M].西安:陕西科技大学,2014.

[3] 耿博超.新闻类节目的现状及分析[J].才智,2010(34).

[4] 陈玲.新媒体环境下电视生存的困境与出路[D].长春:吉林大学,2011.

[5] 张坤明.电视新闻娱乐化的问题与思考[J].东南传播,2014(9).

新闻审判产生的原因和影响分析

田 薇

（北京印刷学院，北京 102600）

【摘 要】 新闻审判是指新闻媒体在司法机关未对司法案件作出裁决之前，率先利用舆论的力量非理性地对司法案件下定论，从而影响司法独立的现象。新媒体环境下，媒体的"新闻审判"与"网络舆论"联合造势，对司法公正产生了巨大的消极影响。文章从新闻审判的定义、产生的原因、消极影响等方面对新闻审判进行了阐述，并对如何避免新闻审判作了简要的分析。

【关键字】 新媒体；新闻审判；舆论监督

2015 年 12 月 10 日，备受瞩目的"林森浩投毒案"在上海高院二审宣判，法院最后裁决驳回上诉，维持原判。此案从案发到终审判决，历时 1 年 8 个月，这起备受社会各界瞩目的"复旦投毒案"终于尘埃落定，最高法院已下发核准林森浩死刑的裁定书。这一普通的刑事案件，从案发到终审都备受关注。究其原因，除了被告人自身高学历的背景外，还有公众网络造势的便利，以及媒体在报道过程中折射出来的伦理道德问题——新闻审判。

一、新闻审判的定义

（一）定义

新闻审判是指新闻媒体在司法机关未对司法案件作出裁决之前，率先利用舆论的力量，非理性地对司法案件下定论，从而影响司法独立的现象。新闻审判又被称为"媒介审判"。新闻传播法学者魏永征认为，"媒介审判"是指新闻媒介超越司法程序，抢先对涉案人员作出定性、定罪、定刑、胜诉或败诉等结论。[①]

（二）由来

事实上，"新闻审判"这个概念最早来自西方，它发酵于英美法系的土壤。在西方国家，法庭审判实行陪审制度，陪审团由普通公民组成，新闻媒体通过媒体新闻报道、评论等形式对陪审团成员施加影响，从而影响陪审团成员的决定，进而对案件审判结果产生一定影响，甚至是质的影响。

（三）我国的新闻审判和舆论监督

我国实行的是大陆法系，并不存在"陪审团"一说。然而，近年来，新闻审判的现象在我国呈愈演愈烈之势。从 1997 年的"张金柱案"，2009 年的"邓玉娇案"，到 2010 年的"文强案"，2011 年的"药家鑫案"，2013 年的"李天一案"，以及 2015 年的"林森浩案"及"聂树斌案"等案件中，媒体报道都对案件的发展起了推波助澜的作用。特别是在当前互联网语境下，新媒体层出不穷，为普通民众的自由表达提供多种渠道。表面上看，这是新闻媒体或者普通民众在履行其舆论监督的社会责任，然而事实并非如此。媒体及公众在这些案件的审理过程中屡屡采用激烈、煽动性的言辞对案件及被告人

---

① 魏永征. 新闻传播法教程［M］. 北京:中国人民大学出版社,2006:134.

进行主观的判断和抨击，甚至对案件进行"合理想象"，对案件细节进行形象的描写。如林森浩案发后，有媒体这样写道："此时，复旦大学医学院西苑20号楼421室里没有其他人。寝室靠近潮湿的洗衣房，当天多云，阳光被遮挡。常住的两个人——林和黄洋都长年在医院实习，少有同学来这里串门。林取出试剂瓶，里边是从实验室偷带回来的N-二甲基亚硝胺溶液。这是一种浅黄色油状液体，高毒、无味，易溶于水。这瓶致命的毒药，林储藏已久。"这样的描写对缺乏理性的公众来讲具有极强的煽动作用，导致人们缺乏独立思考而人云亦云，为整个舆论场造势，对司法审判施加了无形的压力。严格来说，在中国，这种压力并非由民间舆论直接施加，而是通过舆论给予行政机构压力，由行政权力施压于司法机构，促使司法审判不得不朝着民意的方向演进。而这样的舆论影响体制植根于中国特殊的司法行政体制。

二、我国"新闻审判"产生的原因

（一）民主化进程的加快，导致舆论监督的过度演进

改革开放以来，我国在民主化建设的道路上不断探索并且取得了明显成就。近年来，随着移动互联网和各种智能终端技术的迅猛发展，民众自由发声的渠道越来越多。言论自由深入人心，舆论监督意识越来越强。新闻媒体以"舆论监督"为由自由调查、采访和报道，在司法案件中甚至越俎代庖，对司法案件预先定性。"自由"的公众们纷纷附和，"沉默的螺旋"由此产生。于是舆论开始发酵，作用于行政司法部门，最终推动了司法审判的走向。

（二）新闻媒体为求生存，弃责任而取利益

我国的媒体体制自改革开放以来发生了巨变，由行政拨款的事业单位转变为参与市场竞争的企业化管理单位。特别是，近年来新兴媒体纷纷崛起，媒介之间竞争激烈。为争取受众，部分媒体纷纷抛弃引导舆论的社会职责，故作惊人之语，以煽动性、刺激性等附和受众心理需求的新闻报道

迎合受众。在司法案件的报道中，为赢取舆论支持，在司法机关未作判决之际，率先对司法案件定性，产生一定的社会影响，为舆论造势。这无形中对司法机关施加了压力，或多或少影响司法公正。

（三）媒体自身的错误定位

长期以来，行政机构和社会给予了媒体过高的地位。赋予媒体"舆论监督"的社会责任，逐渐导致媒体自视过高，西方国家的媒体甚至自诩为"第四权力""无冕之王"，以"舆论监督"的名义肆意干扰司法审判。久而久之，这些媒体对"媒介监督"产生了误解并形成了习惯，认为"监督（干扰）"司法机关办案理所当然。事实上，"新闻媒体对司法机关的监督，主要是对司法机关存在的违法办案、枉法裁决、司法腐败等现象依法进行监督检举揭发，而不是对案件本身进行预先审判"。①

（四）在互联网时代和新媒体环境下，普通民众表达渠道多样化

随着我国互联网技术的蓬勃发展，新兴媒体如雨后春笋般出现。新媒体给予了普通民众多样化的表达渠道，并增加了互动的功能，双向传播颠覆了受众被动接收信息的模式，使受众能够自由发表言论。特别是在当下，自媒体如微博、微信的盛行，使民众的舆论监督真正落实。

在"林森浩投毒案"中，社会上民意沸腾。数据显示，在受害人黄洋去世次日（2013年4月17日），新浪微博的单日讨论量就超过了60万人次。而因此引出了热门微博话题"感谢室友不杀之恩"，讨论量当时也突破数十万条。值得注意的是，因"林森浩投毒案"牵引出的清华大学朱令铊中毒事件在网络上再次引起人们关注。

如下图所示，案发后，微博单日讨论量最高达到604 816人次。庭审时，微博网民单日关注度达到46 144条。宣判时，微博单日关注度最高达到15 459条。由此我们可以看到，微博作为一个基于用户关系的信息分享、

---

① 肖枭. 媒体如何避免"新闻审判"[J]. 法制与社会,2010(2).

传播以及获取平台，对舆论形势的作用极其强大。可见，在新媒体环境下，网络舆论的影响力并不亚于媒体造势。二者合璧，会形成严格的舆论监督模式。然而，如果监督过度，它们亦会产生无与伦比的破坏力。

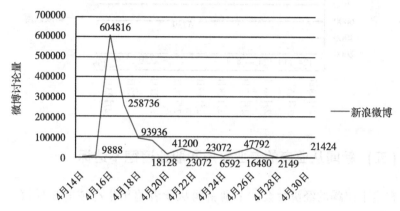

案发——微博网民关注度趋势

（时间区间：2013年4月14日–4月30日，单位：条）

庭审——微博网民关注度趋势

（时间区间：2013年11月25日–11月30日，单位：条）

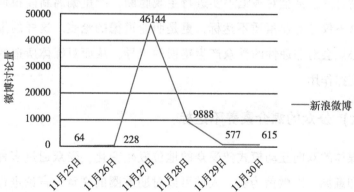

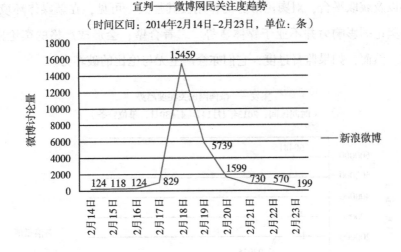

（五）新闻从业者的专业素质和职业道德不达标

在当下浮躁的经济社会，个别新闻从业者迫于生存或其他原因，为争取第一时间发稿，在未进行详细采访调查的情况下随意撰写新闻报道，并武断评论，不仅报道内容没有遵守真实、准确和客观的原则，而且报道语言多煽情言辞，甚至对报道事实进行主观臆断，严重偏离新闻报道的基本标准。这不仅是专业素质不达标，更是职业道德的沦丧。这样的报道一经签发，必然会对非理性的受众产生错误的引导，从而对媒体所造的舆论声势产生支撑作用。

（六）公众的媒介素养不达标

新媒体的双向互动模式使受众的地位发生变化，受众通过多种渠道表达观点和意见。以微信为例，人们可以对朋友圈的文章、言论进行随意转发扩散，这就为谣言的诞生提供了温床。一般民众缺乏理性思考，不辨真假、盲目转发，无形中被别有用心的人所利用。在司法案件的新闻报道中，公众媒介素养的缺失危害更大，对一篇司法案件相关的文章的大量转发极有可能最终导致不公正的判决。

三、新闻审判的影响

(一) 破坏司法独立，影响司法公正

新闻媒体预先对司法案件进行定性、定罪、定刑和为舆论造势，使司法机关蒙受着无形的压力。这种压力可能来自于媒体舆论，也有可能来自于上级行政机关，这一点在前面已有论述。不管是哪种压力，都会促使司法机关在案件的审判上失去独立性，不能单从案件本身依法作出审判，而是考虑了群众舆论、行政命令等诸种外界因素，影响司法公正。

(二) 侵犯被告人人格权

《国际公约》第十条第一款规定："所有被剥夺自由的人应给予人道及尊重其固有的人格尊严的待遇。"该公约还围绕犯罪嫌疑人的人格尊严权，规定了关于保护犯罪嫌疑人基本权利的国际准则，具体包括法律面前人人平等和无罪推定等。《公民权利与政治权利国际公约》第十四条第一项规定："人人有资格由一个依法设立的合格的、独立的和无偏倚的法庭进行公正的和公开的审讯。"《世界人权宣言》第十一条规定："凡受刑事控告者，在未经获得辩护所需的一切保证的公开审判而依法证实有罪之前，应有权被视为无罪。"我国《刑事诉讼法》第十二条规定："未经人民法院判决，对任何人都不得确定有罪。"

不论是在国际上，还是在我国，对被告一律使用无罪推定原则。也就是说，在法庭未宣判被告有罪前，被告均被视为无罪，享有正常人所享有的一切权利。所以无论是新闻媒体，还是网络舆论，对被告人进行任何形式的谩骂攻击均属于侵犯他人权利，要受到相应的法律制裁。

(三) 影响媒体形象

对新闻媒体而言，对新闻事实进行客观准确的采访报道是其应该奉行

的基本准则，客观和真实是新闻报道的生命。这就要求新闻从业人员在报道新闻事实时，摒弃一切个人情感和主观偏见，以客观的态度、客观的写作笔法对新闻事实进行报道。媒体的公信力便是源于始终如一的真实准确的报道。因此，一旦有虚假新闻或者是刻意炒作的新闻出现，媒体的公信力必会受损。而媒体的公信力对媒体生存的重要性不言而喻，依靠炒作新闻吸引眼球的行为实为短视的做法。

　　在一定的时间段内，"新闻审判"的行为可能会迎合受众，产生"眼球"经济。然而，待事件过后公众归于平静，其理性思考的力量必会戳破新闻媒体的"谎言"，从而对该媒体的信赖降低或转移。

四、如何避免新闻审判

　　"新闻审判"现象的发生并非全是媒体自身的因素，它更多地植根于当下浮躁的经济社会，以及资源的不均衡分配（资源不均导致贫富不均，在公众无力改变这种不公平状态的前提下，他们更多地选择各种渠道"吐槽"和抨击）。此外，我国目前没有相关的新闻法，对相关行为的行政法规的约束大多只是小打小闹，并没有实质性的作用。防治新闻审判的现象，不能依靠强制的行政命令，而加强行业自律，提高媒体理性和公众的媒介素养才是可行之道。

（一）培养媒体理性

1. 媒体

　　（1）社会定位要理性。媒体应该对自身进行明确的定位，提高社会责任感，在追求经济效益的同时，不能忽视其肩负的社会责任：应担负起引导舆论、正当监督和维护社会秩序。

（2）工作模式要理性。媒体的工作模式要理性，也就是说要保证采访、写作、编辑的程序正确。切不可"为采访而采访，为编辑而编辑"，而要做到"为真实而采访，为准确而编辑"。就避免"新闻审判"的现象来说，应该做到在法庭宣判前进行及时准确的消息报道，保证公众的知情权，做到"监督不干扰"；在法庭宣判后，进行深度理性的评论，引导公众舆论。既要尊重司法机关，又要相信司法机关，切不可因小失大，侵了权又失了公信力。

2. 媒体从业者

我国媒体的从业者"鱼龙混杂"，很多记者并非科班出身，未接受相关的专业教育，故其专业素质和职业道德水平亟待提高。新闻记者报道和写作的原则是：真实性、客观性、及时性和准确性。新闻记者在报道和写作时应注意写作技巧，谨慎用词。文字不能带有明显的个人主观情感和煽动性、刺激性的倾向。新闻评论应该从大局出发，进行不失偏颇的理性批判。此外，还应该着力提高新闻从业者的职业伦理道德水平，使新闻报道向着人性化的方向前进。

（二）提高公众媒介素养

近年来，随着新媒体特别是自媒体的普及，公众的媒介素养这一议题引起关注。1992 年，美国媒体素养研究中心对媒介素养的定义是：媒介素养是指在人们面对不同媒体中各种信息时所表现出的信息的选择能力、质疑能力、理解能力、评估能力、创造和生产能力，以及思辨的反应能力。公众的媒介素养的高低关系着舆论理性与否。公众对各种媒体信息的有效选择、质疑、理解、评估和思辨，能够大大提高舆论的理性水平。在司法案件面前，只要公众对之加以分析辨别、独立思考，必然会压制"新闻审判"之风。"新闻审判"失去了它的受众保护伞，其存在根基亦会被削弱。

（三）完善相关新闻法律法规

关于约束新闻媒体在报道司法案件中的不良行为，1997 年修订的《中国新闻工作者职业道德准则》中有这样的规定："对司法部门审理的案件，不得在法庭判决前作定性、定罪和案情报道。公开审理案件的报道，应符合司法程序。"

2009 年 12 月出台的《最高人民法院关于人民法院接受新闻媒体舆论监督的若干规定》第九条规定：人民法院发现新闻媒体在采访报道法院工作时有下列情形之一的，可以向新闻主管部门、新闻记者自律组织或者新闻单位等通报情况并提出建议。违反法律规定的，依法追究相应责任。违反法律规定包括对正在审理的案件报道严重失实或者恶意进行倾向性报道，损害司法权威、影响公正审判的；以侮辱、诽谤等方式损害法官名誉，或者损害当事人名誉权等人格权，侵犯诉讼参与人的隐私和安全等。

关于约束媒体的相关规定并不少，但是并没有上升到法律层面。从约束效力上讲，这些规定规范的效力必然无法与法律相提并论。因此，推动新闻立法，完善法律法规的各项条款，保证在任何情况下都有法可依，才是防治新闻审判的根本法律途径。

结　语

可见，"新闻审判"并不是"新闻监督"。过度的"监督"终会成为社会秩序混乱的隐患，所谓"过犹不及"，大抵如此。对"新闻审判"现象的防范，在新媒体环境下尤为复杂。不仅要提高媒体理性，更要培养受众理性。此外，完善法律，发挥外力的保护作用，也是减少"新闻审判"的良策。总而言之，杜绝"新闻审判"，需要长期的探索和发现，社会、媒体和公众任重而道远。

参考文献

[1] 宋艺秋."新闻审判"与犯罪嫌疑人、被告人权利保护[J].河南司法警官职业学院学报,2007(12).

[2] 蔡予乐.错位的"媒介监督"——浅析新闻报道中的"媒介审判"现象[J].新媒体研究,2015(14):2-4.

[3] 雍华.规范报道,杜绝新闻审判[J].商业文化,2011(6):372.

[4] 肖枭.媒体如何避免"新闻审判"[J].法制与社会,2010(2).

[5] 李丹萍,王文宏.浅析媒介审判与传媒舆论监督间的关系——以邓玉娇案为例[J].新闻世界,2014(2):94-95.

[6] 王平.新闻审判·新闻侵权·新闻监督——从犯罪嫌疑人狱中获赔20万元说起[J].今传媒,2015(6):26-28.

[7] 刘蓓,李济阻.新闻审判的原因及思考[J].社科纵横,2013,28(1):79-82.

[8] 陈国利,张卫斌.新闻审判与司法独立[J].当代传播,2005(5).

[9] 开哲.舆论监督与新闻审判之间的平衡与制约[J].东南传播,2015(11):77—80.

[10] 张鸣飞.再议新闻审判与司法公正[J].法制与社会,2011(10):137.

[11] 付松聚,张翅.中国媒介审判分析及反思[J].东南传播,2008(1):30-31.

"媒体公关与危机管理"课实践教学设计与思考

丁光梅

（北京印刷学院，北京　102600）

【摘　要】 "媒体公关与危机管理"是以讲授媒体公关与危机管理基本理论和知识，并进一步探讨和总结媒体公关与危机管理的操作方法、实践经验的一门课程。培养学生相应的能力是课程主要教学任务之一。与媒体公关工作对应的基本能力要求有策划能力、获取信息的能力、分析能力、传播和表达能力等。由此，将课程实践训练设计为公关活动策划与分析、新闻发布会策划与分析、公关新闻和公关广告的分析与写作等。实训练习取得了一定的成效与收获，但也存在遗憾和不足，今后仍须不断尝试、探索。

【关键字】 媒体公关；实训；公关新闻；新闻发布

"媒体公关与危机管理"是以讲授媒体公关与危机管理基本理论和知识，并进一步探讨和总结媒体公关与危机管理的操作方法、实践经验的一门课程。其教学目的在于：通过教学，使学生在了解公共关系的基本内涵和理念的基础上，了解媒体公关的一般原则，掌握媒体公关的方式方法，懂得危机管理的重要性，掌握危机管理特别是危机公关策略，培养学生媒体公关、危机公关能力。在我校，"媒体公关与危机管理"是新闻学专业的核心课程。为切实提高学生的媒体公关能力，满足新的媒体环境对新闻学专业人才培养规格的客观要求，教学中既要重视理论知识的讲授，更要重视实践训练。这就是说，课程实践要占相当大的比例，同时要有有效的设计。

一、与媒体公关工作对应的基本能力要求

媒体公关是指企业等社会组织为塑造自己的形象，吸引消费者注意力，推广产品、化解危机、解决矛盾等。通过媒体事件、公关广告、新闻发布、赞助活动、庆典活动等以引起媒体的关注，加强与媒体之间的互动，获得有利于社会组织的、恰当的新闻报道。由此，要做好媒体公关工作，必须具备相应的能力，这包括以下几种能力。

（一）策划能力

"无策划，不公关"，策划能力是公关从业人员的基本能力之一。在市场化时代，组织要生存发展，必须在经营与管理的各个领域、各个层面、各个环节因时而变、不断推陈出新。组织的发展定位、品牌经营、CIS 战略等需要策划，广告经营战略、公共关系活动等也需要策划。如当组织的公共关系出现问题或组织出现危机征兆时，都需要公共关系人员通过策划来解决这些问题，或未雨绸缪、防患于未然。由此，公共关系人员的策划能力就显得极其重要。公关人员只有具备了一定的策划能力，公关活动才能出彩，组织及其产品才能赢得高知名度和美誉度。

（二）获取信息的能力

任何组织都不可能脱离社会而独立存在，都需要与外界进行物质的、技术的、信息的、人才的和能量的交流。尤其在现代社会条件下，社会的联系日益频繁、密切，脱离社会独立存在的组织简直难以想象。所以组织

要求"生存，谋发展"，必须广泛地联系社会、获取信息。如企业的发展宗旨、经营目标、特色文化等的确定都离不开企业内外的相关信息，因此其公关人员必须具备获取各方面信息的能力。它们包括获取时事、经济、文化、社会生活等信息的能力；获取行业最新动态和与企业发展直接相关的行业消息、情报的能力；获取消费者需求信息的能力；获取企业自身相关信息如人力资源信息、财务信息、管理信息等能力。

（三）分析能力

媒体公关工作是一项敏感、繁杂的工作，对事物的分析判断不到位，工作力度不够，处理问题不妥等不仅会事倍功半，甚至于会使组织陷入被动，形象遭受重创。公关人员只有具备一定的职业敏感和由表及里、透过现象看本质的分析能力，能够区分有新闻价值的东西和无新闻价值的东西，鉴别公关信息是否为媒体所感兴趣、为读者所欲知和新闻发布的时机是否适当等，才能取得较好的工作成效。

（四）传播和表达能力

传播和表达能力是一种熟练地掌握和运用语言、文字符号、人际传播、大众传播的各种媒介，有效地向公众传播信息，积极地影响和改变公众态度的能力。

媒体公关工作需要撰写公关稿、公关策划案等，还要在与公众的交往、交流中表达思想、发布信息，这就需要较强的传播和表达能力。只有具备较强的表达能力，才能保证传播的有效性，并展示组织良好的人才形象。只有具备良好的传播能力，才能使各种创意策划等变成现实，产生预期的效果。

除此，还需要公关交际能力、创新能力、灵活应变能力等。

二、基于媒体公关能力培养的实训设计和评价

（一）实训设计

作为一门核心课程，媒体公关与危机管理总学时为 64 学时。其中，理论讲授 48 学时，实践训练 16 学时。结合课程教学内容，对照媒体公关工作的能力要求，本课程的实训设计如下表所示。

课程单元	实训项目	训练目标和要求	实训具体内容
关于公关（什么是公关、为什么要公关、对谁公关、怎样公关）	公关活动分析	独立完成。能运用所学公关理论和知识；提出的建议具有可行性	分析"雨中情"借伞活动并提出建议
	公关活动策划	分小组完成。写出活动策划方案，方案中必须包括组织形象现状、活动目标、活动内容、活动主题、公众分析、媒体策略、广告策略等内容。活动要有新意、有可操作性	请为你所了解的某个组织策划一次公关活动
媒体公关（媒体公关概说、怎样进行媒体公关、新闻稿写作训练、新媒体背景下的媒体公关运作）	公关新闻调查与分析	分小组完成。从新闻数量、出现位置、所占版面、被报道对象的类型、新闻文本等方面进行分析	选一份报纸（都市报或行业报），就其公关新闻现状进行简析

续表

课程单元	实训项目	训练目标和要求	实训具体内容
	新闻发布会策划	分小组完成。写出发布会的时间、地点、邀请的媒体、会议议程、准备媒体资料包等	结合第一单元中第 2 个训练项目，为本组策划的公关活动策划一次新闻发布会
	分析一次新闻发布会	分小组完成。指出优劣得失，总结危机公关中新闻发布应注意的事项	观看农夫山泉 172 分钟的新闻发布会（因"标准门"事件而举办）
	公关新闻稿写作	独立完成。要求语句通顺、表达规范、符合文体要求	结合第一单元中第 2 个训练项目，为本组策划的公关活动写一份公关新闻样本稿
	公关新闻稿的阅读与分析	先独立完成，再小组交流、讨论。结合公关新闻稿的功能、作用、写作要求和技巧等进行分析、总结	阅读下面的公关新闻稿和公关新闻调查训练中的相关文稿，从文体角度对公关新闻分类，总结公关新闻的写作技巧。 (1)《冰山上的来客：昆仑山矿泉水寻源之旅》 (2)《王府井的三张面孔》 (3)《58800，北二环某豪宅引发楼市股市之争》 (4)《绿地中心公寓缘何成市场热点?》 (5)《商业嫁娶——新富联想与旧贵联姻》 (6)《燕莎开启互联网体验营销热潮》 (7)《"白色 007"：刘世界的"世界"》 (8)《蒙牛纯甄上市——营销不是墨守成规》 (9)《春风得意马蹄疾——中国汗血马大典帷幕徐启》

续表

课程单元	实训项目	训练目标和要求	实训具体内容
	新媒体公关新闻稿分析	先独立完成，再小组交流、讨论。结合新媒体特点、受众需求、传播效果进行分析	分析1份新媒体上的公关稿，指出其优劣得失
危机管理（企业危机分类、企业危机管理的内涵和意义、危机管理的原则、不同阶段的危机管理策略、企业危机中的媒体公关策略）	公关广告阅读与写作	先独立完成，再小组交流、讨论。有明确的公关目标，有助于化解危机、重塑形象	参考BP公司危机事件后的做法，为农夫山泉写一份公关广告

（二）实训成绩评定和评价

本课程的最终成绩由平时实训成绩和期末成绩两部分组成，所占比例为平时实训成绩占30%，期末考试占70%。为确保实训成绩评定的客观性，也为调动学生参与训练的积极性，实训成绩依据自我评定成绩（以小组形式完成的由本小组评定）、老师评定成绩（依据作业文本和作业PPT展示）、其他小组评定成绩（依据作业PPT展示）进行计算和综合判定。

实训评价分为小组互评和老师点评。在课堂展示中，每个小组展示完毕，先由其他小组点评、打分，再由老师点评、打分。

三、实训成效与收获

（一）教学相长

学生在完成实训项目时，尽管有些点子还不够成熟，有的思路可行性还存在欠缺，但其大胆创新的追求、活跃的思维、对新生事物的敏感等往往令老师眼前一亮。比如，在"关于公关"单元实训项目2（请为你所了解的某个组织策划一次公关活动）中，学生所选择的公关主体类型非常多元，既有传统型企业，如山西醋超市、大闸蟹经销商，又有新型企业，如熊猫TV网络直播平台、百度糯米等；既有企业类组织，也有协会、活动团体等，如中国传统文化研究会、北印女子篮球队等。在危机管理单元实训项目（参考BP公司危机事件后的做法，为农夫山泉写一份公关广告）中，有的同学不仅参考BP公司的做法为农夫山泉撰写了"和谐版"公关广告，还结合自己对事件的看法，另写一个"强硬版"的公关广告。虽然企业在危机事件中该示强还是示弱，该先弱后强还是先强后弱尚值得商榷，但学生打破常规、不拘一格的想法使老师也颇受启发。

（二）学以致用

荀子说："知之而不行，虽敦必困。"学生如果只学习理论而没有实践，其能力发展必将受到影响和制约。只有理论应用于实践，知行合一，才能深刻理解理论，灵活运用理论，进而把理论转化成能力。比如，媒体公关单元训练项目3（观看农夫山泉172分钟的新闻发布会）是针对新闻发布会一章的教学内容而设计的。学生学习了本章的内容之后，在（课下）观看农夫山泉新闻发布会视频时，就会发现相应的问题：发布会时间滞后；意气用事，言辞激烈，与媒体对立；语言表达不当；对新闻发言的内容准备不充分；媒体公关特别是危机公关意识薄弱，和媒体的日常沟通不够等。

这样，学生在理解理论的基础上，也学会了理论联系实际、理论指导实际。

（三）融会贯通

媒体公关与危机管理是一门涉及传播学、新闻学、管理学、公共关系学和策划学等多种学科的交叉性、综合性学科。通过实训，学生不仅能巩固已学的本门课程的知识，还能够融会贯通不同学科的知识。如媒体公关单元训练项目5（阅读下面的公关新闻稿和公关新闻调查训练中的相关文稿，从文体角度对公关新闻分类，总结公关新闻的写作技巧）。学生在对公关新闻进行分类、总结公关新闻写作技巧时，就会用到新闻学概论、新闻写作、新闻伦理与法规等学科的知识和理论。学生在实践中的"举一而三反，闻一而知十"，不仅能提高其媒体公关能力，还能提高其作为准新闻人、准媒体人的综合素质和能力。

当然，在实训练习中，也存在一些令人遗憾的事情。比如，学生实践经验不足，所提思路和建议与实际契合度不够高；以小组为单位的训练，有的组员参与度低，影响小组训练的整体进度和质量；教学班人数较多，老师的指导不够深入、细致等。在今后的教学中，还需要克服困难、对症下药，不断探索更高效、更优化的教学实践方法。

高校新闻学专业职业道德教育的审思 *

左 晶

（北京印刷学院，北京 102600）

【摘 要】 近年来，我国新闻失范现象频频发生，让我们不得不反思新闻界的职业操守问题。高校新闻职业伦理教育是新闻从业者树立新闻职业道德意识的"第一块基石"，加强高校职业道德教育日显重要。加强职业道德教育，首先要明确教学理念，树立新闻专业主义理念和职业化的教育理念。此外，在教学内容上，应注重批判性思维的培养；在教学方法上，应更多地引入情景式教学和辩论式教学，并加强与业界的沟通，将新闻职业道德教育贯穿于整个大学新闻教育的始终。

【关键字】 新闻学专业；职业道德；教育

近年来，有偿新闻、新闻敲诈等现象频发，让我们不得不反思新闻界的职业操守问题。相应地，加强新闻传播学类学生职业道德教育工作，也日益重要。高校的新闻职业伦理教育，可以说是为未来新闻从业者树立职业道德意识的"第一块基石"。只有在这块基石上站得稳，新闻从业者在实践中才能立得牢。在目前我国的新闻教育中，技能教育远远重于职业道德

---

* 本论文是北京印刷学院"新闻伦理与法规"课程教学改革项目（项目编号为 22150115076）的研究成果之一。

教育。在就业压力很大的今天，技能教育固然重要，但如果忽视职业道德教育，则会让整个新闻行业陷入价值混乱的泥潭。高校新闻学专业作为培养新闻人才的摇篮，在职业道德教育方面仍有诸多地方需要完善。

一、我国高校对新闻职业道德教育重视不足

近几年随着学生就业压力的增大，各高校新闻专业也更加注重培养"上手快、多技能、新科技"的应用型新闻人才。对有关新闻业务的课程较为重视，学分较高；而对新闻伦理和新闻职业道德教育则认识不够，该课时设置时间较少，学分较低，容易使学生产生轻视心理。2012 年暑期中国政法大学传播法研究中心所做的"国内传播规范课程设置情况调查问卷"显示，国内很多高校都开设了媒介伦理相关课程，但是基本都与媒介法规课程合并在一起上。在其调查的 54 所高校中，共开设 68 门与伦理相关的课程，与传播法合并授课的有 52 门，单独开设 16 门，合并上课的比例达到 76.47%。而且在实际授课时，很多课堂都挤压了伦理课的授课时间。如果是 36 学时的课，分配给伦理课的时间大概只有 12 学时。如果是 64 学时的课，伦理课的授课时间一般只有 24 学时。这种课时上的不足，必然导致学生对新闻职业伦理的轻视。

西方国家在教育改革中，均把德育改革提到关系国家命运的高度来认识，将伦理道德视为本科课程体系的重要组成部分。在美国的很多著名大学新闻传播学的核心课程中，都特别重视新闻伦理、传播法律等课程。根据中国政法大学传播法研究中心 2012 年对获得美国新闻传播教育评审委员会（ACE-JME）认证的 109 所学校的抽样调查结果显示，在等距抽样的 34 所高校中，在本科与研究生阶段，其新闻传播院系开设的传播伦理课程共 58 门。其中，单独开设伦理课程的有 52 门（占 90%）。[1]可见其对新闻伦理课程的重视程度。我国虽然没有新闻伦理教育可以影响价值观的相关调研，但是西方同行一直很关注新闻伦理教育是否能够和如何"影响价值观"的

问题？有关学者对此曾经进行过一系列的研究。如 2007 年，美国科罗拉多州立大学教师帕特里克（Patrick）对 2001—2003 年新入学的 106 名学生进行了课前、课后的测试，发现学生在课后对新闻职业价值（公正、独立、透明和减少伤害等）的排序和比重都发生了变化。大部分学生在课前认为的"最难的伦理选择"在课后也有所改变。课前有 23% 的学生认为"利益冲突"是最难应对的伦理问题，课后这个数字是 37%；而他们对减少伤害、身份透明等价值，均较之前的排序位置有所提高。研究者认为，这一变化与课堂设置的内容及强调的重点呈正相关。这些西方学者针对伦理课程能否影响价值观的研究表明：价值观可以通过有效的"课堂灌输、柔性渗入"方法，培训学生的职业价值观，并使之成为学生内心长期拥有的"职业价值观"。因而，高校新闻传播类课程在教学中要加强职业伦理道德教育，培养学生树立起职业道德。

二、新闻职业道德教育的教学理念不明确

新闻教育要改革，首先要改进新闻教育理念，只有正确的理论指导才能确保实践的顺利进行。"大学新闻教育的目标是什么？我的回答是：应该定在改进和提升整个社会的新闻工作的水准上，使全社会因有高水平的新闻服务而受益。更重要的是，要教育学生认识新闻工作对社会的责任和价值。"[2]基于此，我认为高校新闻职业伦理教育应明确如下教育理念。

1. 新闻专业主义的教育理念

"专业主义"，我们特指从事一种工作必须特定的专业技能、行为规范和评判标准，而这些又必须经过专门的训练才能获取，并为从业者所共用。[3]新闻专业主义是一种理想的新闻业的职业标准、态度和行为。陆晔和潘忠党对西方新闻专业主义理念作了系统的梳理，并提出了新闻专业主义的基本内核：（1）传媒是社会的公器，新闻工作必须服务于公众利益，而不是仅仅服务于任何政治或经济利益集团；（2）新闻从业者是社会的观察

者、事实的报道者，而不是某一利益集团的宣传员；（3）他们是信息流通的"把关人"，采纳的基准是以中产阶级为主体的主流社会的价值观念，而不是政治、经济利益冲突的参与者或鼓动者；（4）他们以实证科学的理性标准评判事实的真伪，服从于事实这一最高权威，而不是臣服于任何政治权力或经济势力；（5）他们受制于建立在上述原则之上的专业规范，接受专业社区的自律，而不接受在此之外的任何权力或权威的控制。这五条原则对新闻专业主义作出了相对明晰的判断。由于种种原因，来自西方的新闻专业主义理念与我国的新闻实践还存在很大的距离。但是，随着我国政治体制改革的深化，新闻媒体作为社会公器的功能日益受到重视，逐渐从过度的政治功能向民众知情、表达、监督、参与民主政治的载体转变。从本质上说，一个国家的新闻是民主的事情，"大众传媒是公民表达权与知情权得以实现的重要载体。没有媒体的参与，公众的知情权、表达权，乃至参与权、监督权都无法落到实处，所谓的民主权利也就失去了保障；同时，如果公众的知情权和表达权不能在媒体上得到真正贯彻，新闻也就失去了其蓬勃发展的根基与生命力[4]。"按照新闻专业主义的职业标准，高校在新闻教育中也要明确专业主义的教育理念。失去了新闻专业主义理念，整个新闻学教育就会失去灵魂，就会成为职业技能训练的基地。

高校进行新闻专业主义教育，首先要将专业主义精神贯穿到新闻学主要课程中。无论是理论课还是实践课，都要贯穿新闻专业主义的理念，让学生在学校学习期间，心中埋下专业主义的种子。其次，专业主义教育也要和我国具体的媒介环境相结合，而不能分离。理想和现实可以有一定距离，但是距离不能太远，否则学生在走向社会之后，过大的反差会让他们迷惑，甚至会将大学所树立的新闻理想全盘否定。

2. 新闻职业化的教育理念

我国学者吴廷俊教授认为，所谓新闻教育的职业化，即以培养满足新闻实务工作需求的人才为出发点进行教育活动，包括课程设置、内容选择和教学环节的安排等。如果说新闻专业主义教育更加注重新闻工作者所应该具有的职业操守和社会责任意识，那么职业化教育则在专业主义的引领下，更加注重新闻职业技能的培养。其实，高校新闻教育的核心问题也就是这两部分，即专业主义精神的培养和职业技能的训练。

高校的新闻教育应该全力服务于新闻事业，必须要有很强的职业导向。首先，新闻学的教学目的就是培养合格的职业化的新闻人才。一直以来，采访、编辑等业务课程都是新闻学专业最重要的课程，学生要通过课堂学习和实践去掌握这些新闻业务的基本技能。美国新闻学专业著名的大学，如哥伦比亚大学新闻学院、西北大学麦迪尔新闻学院、密苏里大学新闻学院，以及加州大学伯克力分校等都坚守职业化原则。在课程设置中，他们将基本的教育采、写、编、评都放在了最主要的位置。他们认为，新闻教育无论怎样发展，职业化教育仍然是基础，仍然是新闻工作的核心。同时，通过满足市场的需求来调节新闻教育的内容和体制，也是职业化教育理念在传媒迅速发展的时代的必然要求。

这里要明确，新闻职业化教育和新闻专业主义教育并不矛盾。一个媒体从业人员如果没有一定的伦理和理论素养，便不能理性严谨地把握好的采访、编辑、发表过程中的行为尺度，便不能真正知晓作为一名新闻媒体专业人员的社会地位，以及作为专门进行传播的职业的意义和价值。

三、新闻职业道德教育教学内容和方法亟须改进

考察新闻伦理学的教材，可以发现多数教材偏重于学理的论述和道德原则规范的阐释。新闻伦理课程在教学中也经常会演变为一种道德说教，或纠缠于理论阐释不能自拔。新闻伦理学本身是一门具有批判性、反思性的课程。"新闻伦理是新闻工作者在其专业领域内对是非或适当与否下判断的良心尺度。"[5]批判性思维的培养是新闻伦理课程的重点。新闻工作者依据什么道德标准选择新闻，这是新闻道德实践中的核心问题，同样也是新

闻伦理学中最基本的问题。因此在新闻伦理教育教学中，"必须学习如何正确处理在新闻活动中发生的伦理问题，必须学习在合乎道德的正当新闻行为与不合乎道德的不正当新闻行为之间作出理性的抉择，或在若干可能一定程度上都合乎道德的新闻行为中挑选出更加合乎道德的一个或几个，必须重视学生个体的主体地位并设法让学生学会自主进行道德判断"。[6]

在教学方式上，应该更多地引入情景式教学和辩论式教学，将生活实践中发生的问题提出来，让学生思考并展开辩论。设法使学生能够自主进行道德判断，从而具有批判性思考和解决问题的能力。

此外，学界和业界的有效沟通也是新闻伦理课程必不可少的环节。在新闻伦理课堂中，请经验丰富的新闻从业人员来向学生们展现真实的新闻生态和伦理困境等，无疑是一种有效的教育方式。北京市近几年推行的媒体和高校之间互派人员挂职锻炼的活动，打通了学界和业界之间的隔阂。教师在媒体的挂职锻炼，使教师在课堂上不再只是纸上谈兵；而媒体人员在高校的挂职，则让一线新闻工作者有机会把他们的经验传授给新闻学子。这种方式大大提高了新闻学子的学习效果。

多年来，我国新闻教育中职业道德教育存在着一个很大的缺失，它直接导致新闻从业者社会责任意识淡薄，而新闻传播教育的最终使命是培养学生的社会责任感。美国南加州大学安伯伦格传播学院新闻系主任迈克·帕克斯教授曾强调："新闻教育的任务是把学生培养成优秀的传媒工作者，有职业伦理的记者，新闻作品必须确保陈述事实、准确、真实、公平和富有同情心。"[7]因而，我们必须强化职业道德教育，除了在课程中切实加入新闻道德和新闻伦理的课程，还要明确新闻职业道德教育的教育理念，向学生强调新闻专业主义精神和理想。在教学方法上还要理论联系实际，和业界多多接触，并将新闻职业道德教育贯穿大学新闻教育的始终。

参考文献

[1] 阴卫之.传播伦理学教育理念、思路与方法[J].新闻与写作,2014(5).

［2］邓炘炘.面对时代挑战的大学新闻教育——与南加大新闻系主任帕克斯教授谈新闻教育［J］.中国记者,2008(2).

［3］陆晔,潘忠党.成名的想象:社会转型过程中新闻从业者的专业主义话语建构［J］.新闻学研究,2002(4).

［4］李良荣,张春华.论知情权与表达权——兼论中国新一轮新闻改革［J］.现代传播,2008(8).

［5］马骥伸.新闻伦理［M］.台北市:三民出版社,1997:3.

［6］谭平剑.试论我国新闻伦理教育目标与教学内容的重构［J］.传媒观察,2011(1).

［7］钟新,周树华.新闻学院的吸引力在于职业教育——专访美国南加州大学安伦伯格传播学院新闻系主任迈克·帕克斯教授.传媒镜鉴［M］.北京:中国传媒大学出版社,2006:216.

广告史研究反思：基于史观的考察

刘 祥

（中国传媒大学广告学院 2014 级博士研究生，北京）

【摘　要】历史唯物主义要求人们认识世界的活动要尊重历史发展的内在规律与逻辑，符合客观事物自身的特征与真实情况。文章从此角度出发对以往广告史研究进行了回顾与反思，重点分析其以往研究所体现的历史观偏向，发现以往的研究中存在着严重的依附现象与决定论。前者表现为依附于政治史、经济史和建国史等，后者是在广告史研究预设学科视域外的前提与框架。文章认为，广告史研究应当建立本体意识与视角，重视自身行业与学科发展规律，突出自身研究的主体地位，这样才能建立真正符合本学科发展的唯物史观。

【关键字】历史唯物主义；广告史；史观

一、广告史研究的意义与回顾

历史实际上具有三重内涵：作为经验的历史与现实的历史，人自身的发展历史，文明运行方式的演变史。① 从这个角度看，广告史其实是三者具

---

① 杨思基,傅秀玲.历史唯物主义之本质特征及"历史"的三重内涵[J].南京政治学院学报,2014
(4).

备的。广告史记录的不但是广告行业发展的经验与现实，更是对其中所反映的社会、经济和文化等诸多方面的记录，这其中当然也不能缺少广告从业人员的身影及其工作的痕迹。

广告史研究作为广告学科建构的重要基础与组成部分，对于构建学科身份、推动广告学与其他学科互动融合具有重要意义。正如一个国家和民族如果没有记忆就没有未来与明天一样，一个没有记忆的行业，就是一个没有前途的行业。广告史在这其中的意义不单单是记录与保存行业发展的点点滴滴，更是对以往广告发展的历程与各种现象、问题、困惑进行反思与总结的过程。从这个角度去理解，广告史不但担负了记录的功能，更是为广告学研究贡献原创性理论的重要途径。当然，广告学与其他人文社科相比发展时间较短，尤其是与历史这样的老字辈学科相比更是一个"年轻后辈"，在学科建设的过程中不可避免会经历懵懂的阶段。历史学在研究方法、研究体系上的严谨性与规范性对于尚处襁褓中的广告史学研究来说是至关重要的，这不仅是停留在学科互动的意义上看，更是从广告史学进入规范性的研究轨道之后，以其学科主体性为大历史学研究贡献新内容的层面去考量。广告史绝不是简单的广告发展的历史记录，而是对广告发展的反思与再现，更是借古探今的必然途径。

从中国广告学的发展历史看，可以分为以下四个阶段。

（一）懵懂阶段

中国广告史研究最早发轫于民国时期，大体上是与广告学研究同步。早期广告史研究者具有双重身份的特点，即他们既是广告从业人员，同时又是广告学教学或研究人员，这一点在中国广告业的先驱陆梅僧身上表现得淋漓尽致。他从美国学习广告归国后，既在圣约翰大学报学系担任教员，教授广告方面的课程，同时又积极参与业界实践，在上海知名广告公司中担任要职。早期广告学研究的主要任务，是为广告这一新兴领域与学科进行知识普及和宣传。这一点有些类似于今天的科普工作，这就决定了这一阶段的广告学研究主要侧重于学理的介绍，而这一背景深刻地影响一时期的广告史学研究。广告史学研究在这一阶段的研究成果相对比较少，一方面是由早期的学科发展任务所决定的；另一方面也和广告学研究刚刚起步，学科历史较短有关；但最根本还在于，广告学研究在这一时期主要以引介外部理论为主，缺乏本体意识，没有真正弄清楚研究对象与主体。更为诡异的是，在几十年之后的改革开放初期，广告学学术研究至少在表面上重复了这一现象。历史不会是简单的重复，重复这一现象本身就值得我们进行思考，不同的学科外围环境与研究旨趣构成了这一现象重现的深层动因。广告史研究在这一阶段可以用"懵懂"来形容。这一阶段的广告史学研究并没有出现雏形或者苗头，有的仅仅是存在于少数几位研究者的"灵光乍现"，但就是这种一闪而过的懵懂意识也在后面的研究中销声匿迹。这主要是由当时学科基础薄弱、学科侧重外部理论引入为主的整体态势决定的。历史往往会留下自己的印记，尽管这一阶段的广告史研究甚至连基本的规范都谈不上，但是这些在历史上一闪而过的想法或者意识却成为以后研究的发端。

（二）起步阶段

广告注重实践与操作，这一特征不可避免地影响到了其学术研究领域。在民国时期，广告学学术研究基本上就是"广告术"而非"广告学"，主要是因为目前可以看到的民国广告研究文献绝大部分是注重记录广告实操技巧。这固然与这一阶段行业刚刚勃兴需要大量实操知识有关，但这其中也有当时从事广告学研究的人员研究功底不够深厚、缺乏学术思维的无奈。民国的广告学研究受到新闻学或者报学的深刻影响，这与广告学在早期作为新闻学或者报学的一个分支不无关系。新闻学与报学的研究视角在极大地促进早期广告学研究开展的同时，也在广告学早期学术起点阶段打上了自身深深的烙印。与之相应，早期新闻学重视实操与业务层面的思维在早期广告学研究中也体现得十分明显。但相比较前一阶段，这一时期的广告史研究开始具有一些独立性的学科思维与意识。换言之，广告史研究在这一时期已经开始褪去或者说是摆脱完全依赖报学研究的路径。当然这一阶段广告史研究的自我觉醒并非是自觉的，而是自发的，是由少数研究者从各自所擅长领域对于广告学研究内涵进行的自发性探究。这些研究多集中于广告伦理、广告内容的社会影响等方面的研究，虽然与广告史研究有所区分，但从学科整体发展逻辑看，毕竟起到了开拓与奠基的作用。

（三）徘徊与发展阶段

新中国成立后，广告学研究在相当长的一段时间里处于徘徊的状态。之所以这样说，一是因为新中国成立初期有关经济属性与意识形态的争论在很大程度上限制了广告学所依托的外部环境，即大大压缩了广告行业发展的总体空间；二是因为之后不久在全国如火如荼开展的公私合营在很大程度上瓦解了广告行业的内在结构。广告经营单位数量大幅萎缩，硕果仅存的国营单位也成为意识形态的背书工具。在此之后到"文革"结束的很长的一段时间，商业广告形态在中国基本消失。仅剩的只有外贸广告这一种类，数量极其有限，大量充斥的是政治宣传广告。这使得广告学术研究在此阶段呈现停滞与徘徊的状态。在广告史这一研究方面，呈现的就是对于政治广告宣传的所谓讨论，如果说有的话，那也是充满着单向维度的意识形态话语。

在"文革"结束之后，随着广告的复兴，广告行业也逐渐得到复苏和发展，随之而来的就是广告学研究的再次兴起。与以往不同的是，这一阶段的广告学研究带有很强的自主意识，原因有二：一是这一时期西方广告学理论已经成熟并被引介到中国广告学术场中；二是这一时期的广告史研究从数量与规模上已经大大超过以往。这固然与当时高校广泛开设广告专业、课程有关，但也从侧面反映了广告史作为广告学学科重要的组成部分，已经正式登上广告学术研究的殿堂。随后在中国所经历的标志性纪年中，比如新中国成立六十周年、北京奥运等重大时刻，广告学界以这些重大时刻为研究坐标，立足当下，审视过往，对广告学研究从历史角度进行梳理与反思。尽管这一时期的研究大多质量不高，其中有一些不免有抢占学术山头、应景之作的嫌疑，但毕竟也产生了一批研究成果，从整体架构上显示了广告史研究作为广告学学术研究一个重要分支的现实存在与学科价值。

二、以往广告史学研究中的历史观

历史反思需要"原点"而不是"原罪"，否则可能无意中矮化了前人，不留神会导致"追问"颠倒了"逻辑"：不是在历史现实追问中发现前人的逻辑，然后表明自己的逻辑由来，而是直接用自己的"逻辑"来追问前人。① 从这个角度看，反思以往研究中的历史观并非要口诛笔伐，而是要在其中寻找广告史研究新起步的动力与源泉。"以古鉴今"并非只是在历史研究的成果中体现，更重要的是渗透在历史研究的思想与研究设计中。

不论是民国时期还是新中国成立后，广告史研究在本身的研究范式与历史观这一根本性问题上，始终受到外部环境与其他学科的干预、影响与介入。这固然为广告学作为一门交叉性学科的现实增加了学术研究的现实注脚，但在很大程度上干扰、扭曲了广告史研究，使其本应成为体现广告学学科主体特性的功能丧失殆尽，甚至成为广告学学科诸多分支中研究主体意识最为薄弱的一个部分，严重制约了广告学学科整体发展与研究水平的提高。总体来说，就国内广告学科的发展现状而言，目前"述"（史）的兴趣已经远远落后于"作"（论）。② 纵观以往的广告史研究，其中的历史观可以分为以下三种。

---

① 黄旦. 对传播学的历史反思需要的是"原点"而不是"原罪"[J]. 新闻记者,2014(9).
② 陈刚,祝帅. 当代中国广告史研究的问题与方法[J]. 广告大观(理论版),2008(4).

（一）近代化史观

这是中国早期广告史研究中居于支配地位的历史观，这种历史观主要是从一个国家或民族现代化进程的视角去探析社会事物与运动。广告刚刚勃兴时期的民国时期，正是处于这样一个国家与民族步入近代化历程的历史阶段。当时的广告史研究者大多也是从广告作为近代商品经济的重要工具，对人们生活、社会进程、国家经济发展等诸多方面的影响这一角度去思考广告的发展历史。这种历史观指导下的广告研究固然可以将广告作为国家与民族经济发展的一面镜子去映射，但在无形中也将广告史的探究视角与范畴先天框定在广告与经济发展的二元关系范畴中。这对于广告史的多维度拓展无疑是不利的，并带有很明显的先验论或决定论的色彩。

（二）政治史观

这一史观在新中国成立后的广告学研究中表现得尤为明显，尤其是在20世纪90年代以来的广告史学研究中大有后来居上之势。反观同一时期的新闻史研究，对革命史观与政治史观已经开始进行自觉地反思与批判。两者相较之下，可以看出，这一时期的广告史研究在奉政治史观为圭臬的背后隐藏着其学科研究意识的严重滞后。政治史观造成这一时期的广告史研究基本就是"政治史的框架"与"广告史的材料"简单粗暴的叠加，这是我们一直所诟病的"剪刀加糨糊式"的研究思路。这造成广告史研究严重依赖政治史分期标准，忽视了广告自身发展的规律性，丧失了研究的主体地位与意识，造成广告史研究重蹈了新闻史曾经的覆辙与曲折。

（三）英雄史观

这一史观在中国广告史研究的最近几年中有所凸显，具体表现是开始关注在中国广告发展进程中扮演过重要角色或者发挥过重要作用的历史人物，比如最近对于徐百益、丁浩的研究就是例证。将这些在学科发展历史关键节点上有过突出表现的人物进行全方位的再现，是能够在一定程度上还原广告行业发展的原貌和广告学研究的历史轨迹。这方面的类似成果还有东北大学赵琛教授对于民国时期上海月份牌广告画家的群像描述——《老上海广告人》。研究者选取了五位月份牌广告画大师作为研究对象，通过对这些在年历广告创作上产生过重大影响的关键人物的生平、家庭生活、社会与行业地位、画风等诸多方面的描述，帮助读者和后续研究者描摹了一幅有关旧中国上海月份牌广告发展的长卷。历史虽然由这些关键人物或者行业英雄所主要呈现，但从来都不是完全由其构成的，历史是由人民创造的，这句话并非只是作为意识形态的宣传话语存在。历史不应只是帝王将相、英雄人物的背书，历史是由无数个人和行为汇聚而成的河流；我们在看到河流中激越起美丽浪花的同时，也应看到悄无声息的河流水体。研究者在关注广告发展历程中各个领域标杆人物的同时，更应将研究视野与目光转向广告行业发展中的点点滴滴和普通的从业者。他们的喜怒哀乐、他们在行业发展中个人命运的起起落落应该被纳入研究视野。只有这样的广告史研究才可能充满了感情，才是有人情味的研究。历史不应是枯燥的，宏大叙事的历史固然重要，但更为吸引人的是微历史，这不仅是研究反思的需要与结果，更是社会大众的需求。描述小人物在历史跌宕中命运起伏的电影《太平轮》的热映正是大众心理的注脚。

三、历史观辨析

说到底，广告史研究不论是领域还是研究方法，最根本的是要解决史观的问题，就是我们到底需要一个怎样的史观，需要一种什么样的视角去看待中国广告发展的历程。这个问题不解决，广告史研究就会表面上看起来积累了丰富的研究成果，其实只是新史料的堆砌或者是新话题的滥觞，很难在研究本质上有真正的突破。当然，这对构建广告史本身学科合理性与合法性也帮助不大，更不用说为广告学学科研究助力了。

历史唯物主义认为，历史的主体是人，历史是由追求自己目的的人的活动构成。历史中的人不是幻想或者抽象的，而是现实的、活生生的。这就要求广告史研究要从之前狭隘的研究框架中跳出来，例如，要从目前流行的考古史范式中解脱出来。近几年，在广告史研究中盛行的考古史研究范式，强调对于第一手史料的挖掘，并在此基础上构建广告史中的个案话题。从表面上看，这是符合了方汉奇、宁树藩等学界前辈所期望与呼吁的"多做研究个案、多打深井"要求；但从本质上看，其实它恰恰是曲解了上述学者的初衷。"打深井、做个案"是针对当下新闻传播史学研究学术内卷化的现象而有针对性提出的主张，是要求研究者能够在坚持史学研究主体意识的前提下在具体的研究切入点上多下功夫，减少对以往类似研究的重复。这种个案式的研究或者说打深井式的研究，往往在实际操作中陷入追求原始史料的疯狂与偏执中。史学研究固然要以史料尤其是第一手史料为主，更不用说历史原物件在解读一些历史节点或事件中的重大作用，但史料毕竟是史学研究的工具而非目的。过分追求史料的考古学或实证主义研究倾向，会导致唯工具论，会让本来应该统领史料的史学研究反过来被史料所控制，这种本末倒置的研究倾向除了为广告史研究贡献一些新的史料或者话题以供后来者重复或模仿之外，实在看不出有哪些益处。过分强调史料的原创新与唯一性，只能从反面映衬研究者思路匮乏与思维枯竭。广告史尤其是史学发展到今天，并不是仅仅依靠一些历史原物件的发掘来推动的，而是通过一代代研究者不断创新研究范式、引入新的研究方法与思维来实现的。

从历史唯物主义出发，我们不难发现，上述史观陷入了实证主义的误区，这种唯史料论会在很大程度上限制研究思路的拓展，会导致研究者对史料的严重依赖甚至是崇拜。探究历史需要的不但是史料，更需要创新研究框架与思维。从广告行业发展中互动诸因素中寻找研究主线，这种主线可以是人，也可以是物，更可以是技术，或是寻找行业与社会互动过程的痕迹。总之，研究的切入点或者牵引点是丰富的，并不局限于史料这一种途径。

结　语

当代广告史研究坚持历史唯物主义，并非只是作为口号而存在，而是要在实际的研究中有踏实的体现。"广告史"机器作为一种专门的领域的建立，也是源自西方学术制度和学科规训背景中的"现代性后果"。① 在引介与使用西方学术制度及其价值体系的过程中，更要求我们坚持历史唯物主义，这一体现就是坚持社会史的范式，即从广告作为社会发展一部分与社会诸部分互动角度与层面去探究问题。这样一来，广告史不单单是作为广告学研究的组成，而是成为映射当时社会发展的一面镜子，广告史研究的意义不但有助于构建广告学学科合法性身份，更成为记录人类社会发展足迹的重要工具与途径。

对大众而言，历史似乎是枯燥的，是高高居于庙堂之上的，是少数学术精英之间的流动话语。这种观念既是对史学研究的误解，同时也是史学走进大众视野的障碍。真正的史学不应是枯燥的，不应只是精致的学术语言，更不应只是对伟大人物或者英雄的记录和背书。真正的史学应当充满了温度、感情，充满了人的活动轨迹与思考，这样的史学研究才能与读者产生强烈的共鸣，才能焕发出史学研究的生命活力。而采用叙事的方式是能够呈现这一特性的。一直以来，枯燥的三国研究被易中天的电视讲座烘热就是例证。易中天诙谐的语言讲述历史，尊重史料与史实，但又不拘泥于其中的限制，拉近了普通读者与史学研究的距离，让史学研究变得亲民、亲切。广告史的研究完全可以采用这样的叙事风格，严谨的学术语言绝不应成为广告史研究的唯一表达形式，广告史也同样可以是充满了人情味，

---

① 祝帅. "广告史"研究在中国——基于史学史视角的一种反思[J]. 广告大观(理论版),2010(2).

充满了跌宕的故事情节，读者可以从广告史的研究成果中看到一张张鲜活的人物面孔及其性格。叙事的表现方式会让广告史将研究的严谨性与故事的生动性有机结合起来，不但使其在广告学研究中不断扩大影响力，更为其在社会大众中的普及提供了可能。

参考文献

[1] 李彬."新新闻史";关于新闻史研究的一点设想[J].新闻大学,2007(1).

[2] 陈刚,祝帅.当代中国广告史研究的问题与方法[J].广告大观(理论版),2008(4).

[3] 曹斐.近20年来明清广告史研究的进展与反思[J].兰州大学学报(社会科学版),2009(3).

[4] 祝帅."广告史"研究在中国——基于史学史视角的一种反思[J].广告大观(理论版),2010(2).

[5] 苏杨.中国广告史研究范式探讨[J].艺术探索,2012(6).

[6] 高其文.历史唯物主义何以体现唯物主义和辩证法——重读历史唯物主义基本原理的思考[J].湖北文理学院学报,2012(9).

[7] 杨思基,傅秀玲.历史唯物主义之本质特征及"历史"的三重内涵[J].南京政治学院学报,2014(4).

[8] 黄旦.对传播学的历史反思需要的是"原点"而不是"原罪"[J].新闻记者,2014(9).

清末民初作为革命武器的科学观

刘　鹏

（中国传媒大学传播研究院 2014 级国际新闻博士）

【摘　要】清末民初，科学观念已在读书人中普及。中国知识
分子在甲午战争后，即将传播科学观念看作中国摆脱贫弱困境的
当务之急，因此中国的"科学"概念一开始就以知识分子之忧虑
和不满为语境。文章指出：在新文化运动之前，中国知识分子已
开始推崇作为价值和启蒙者的科学。科学作为价值所蕴含的固有
矛盾，一战后在中国知识界的分歧中凸显。而作为冲突高潮的 20
世纪二十年代的科学与人生观争论，最终演变为反传统的激进派
的一场舆论胜仗。科学主义随之纳入中国主流意识形态。

【关键字】反传统的科学；科学主义；科玄论战

一、引　言

在当代中国主流话语中，对科学的尊崇有牢固的地位。除了"学科学"
"用科学"之外，人们还被鼓励"爱科学"。上到"科学社会主义"，下到
"科学育儿"，"科学的"被看作一个褒义前缀。一旦某件事物冠以"科学
的"，就意味着它优秀、可靠和值得肯定；相反，"不科学"的评断让人避
之唯恐不及。科学家往往不是被看做一种职业，而是被看作类似于古代圣

人似的有高尚道德情操和追求的人。一般人则应该虚心接受科学家"普及科学"。这种意识形态在科学社会学中被称为"科学主义"。世界各国都存在科学主义，而中国的科学主义尤为强势。不仅在政治话语中，而且在日常话语中，科学都跟真理画上了等号。有趣的是，"科学"这个中文词在110年前才发明，在汉语中本没有西方科学的对应概念。这一新概念何时、如何树立了它难以撼动的地位？我们试图通过本文来对这段历史进行梳理。

二、新文化运动中科学观已成熟

科学和民主是新文化运动的两面旗帜，当时文化领袖对科学的认知已很成熟。最典型的如陈独秀说："科学者何？吾人对于事物之概念，综合客观之现象，诉之主观之理性而不矛盾之谓也。想象者何？既超脱客观之现象，复抛弃主观之理性，凭空构造，有假言而无实证，不可以人间已有之智灵，明其理由道其法则者。"① 陈独秀在这里将科学看做一种求知方式，是空想的对立面。

陈独秀进一步指出："夫以科学说明真理，事事求诸实证，较之想象之武断之所为，其步度诚缓；然其步步皆踏实地，不若幻想突飞者之终日无寸进也。"② 他明确地说，只有科学才能有效地逼近真理，空想则是武断和不可取的。而真理毫无疑问是一个欲求的对象。

胡适表达了相似的观点："西洋近代文明的精神方面的第一特色是科学。科学的根本精神在于求真理。人生世间，受环境的压迫，受习惯的支配，受迷信和成见的压迫，只有真理可以使你自由，使你强有力，使你聪明圣智。"③

这种寄托了价值和好恶的科学概念，已经远超出洋务运动时为富国强

---

① 　陈独秀. 敬告青年[J]. 新青年,第 1 卷第 2 号.
② 　陈独秀. 敬告青年[J]. 新青年,第 1 卷第 2 号.
③ 　胡适文存[M]. 合肥:黄山书社,1996.

兵而翻译引进新知识的范畴。或者说，新文化运动中的"科学"，承担着启蒙者的价值导向。科学被寄望于扫除传统信仰和蒙昧习俗，使国人摆脱"无常识之思维、无理由之信仰（陈独秀语）"。科学的思想、偏好，以及认识和判断事物的一套方法，被强调要用来当做尺子衡量一切。事实上，科学和进步被画上等号。

三、新式科学观在清末已具雏形

新文化运动确立了科学是文化和思想革命中的核心，但科学在中国人心中的至高地位并不只是新文化运动打造的。1923 年，胡适曾说："这三十年来，有一个名词在国内几乎到了无上尊严的地位，无论懂与不懂，无论守旧和维新，人们都不敢公然对它表示轻视或戏侮的态度。那个名词就是'科学'。这样几乎全国一致的崇信，究竟有无价值，那是另一问题。我们至少可以说，自从中国讲变法维新以来，没有一个自命为新人物的人敢公然毁谤科学的。"

如胡适说，从清末维新年代，"科学"一词就已得到了舆论的重视甚至尊崇。回顾一百年前的时论和理论述评，我们发现，人们鼓吹作为一种价值的科学的确是源于清末的。

经历甲午战争和义和团事件的耻辱后，救亡是中国知识分子的时务，科学是救亡的工具。不论维新派还是激进派，主导中国舆论的都是西方科学的拥趸。原因很明显，时人与蔡元培观感一致："并世各国之富强，正与科学之发达以骈进。""科学"一词具有胡适所说的即使对守旧派也有效的威慑力，正是因为国人已经具备了"西方科学厉害"的感性印象。

严复的译作是清末科学传播的头号利器。在严复那里，科学已经隐含了对传统学问的批判。他认为，旧学之弊在于"其例立根于臆造，而非实测"。"严复对逻辑归纳法的提倡……开创了藉科学方法以反对传统文化的先河。"①

1897 年，康有为首次从日文引进了"科学"并加以说明。这个词很快得到推广，替代了"格致"之学。比起格致，"科学"这个词更强调分科之学的意思，暗示了康有为等人已将近代科学看作与中国古代物学不同的、更丰富的学问。

20 世纪初，新式学校普遍将科学列为必修课。1900 年，上海创办了中国最早的自然科学杂志《亚泉杂志》，涉及数学、物理、地学、化学和生物。杜亚泉在《亚泉杂志序》中说："自其内部言之，则政治之发达，全根于理想，而理想之真际，非艺术不能实现；自其外部观止，则艺术者固握政治之枢纽矣。"

1903 年，《科学世界》创刊于上海，除了科学内容，还刊载科学小说。发刊辞中写道："我老大待亡之帝国，方日事追求，则政府无爱护矣。学大夫短于科学之知识，因疏生惰，以实业为可缓，教科偏枯，报章零落，则社会无教育矣。故其人民，畏进取，陷迷信，格路矿以风水，掷金帛与鬼神，则无普通之知识矣。以此立国，虽无外患，犹不自保，何况列国竞争……"

中国的近代科学活动尚未开始，知识分子对科研实验的认识尚且懵懂时，痛感实业落后与本国民众及知识阶层之愚弱和无理性，其科学观带有兴利除弊的元素是极其自然的。而以上所述的与革命观念联系的科学观，后来一再被重复。

1915 年，私人学术团体"中国科学社"成立，宣称要"提倡科学，鼓吹实业，审定名词，传播知识"。科学社一面建立科学团体，交结同人，一面发行《科学》杂志。"求真"与"科学"和"科学精神"紧密挂钩，功莫大于《科学》和科学社。清末带有救国启蒙色彩的科学观，通过《科学》之口凝练而成熟地表达出来了。

---

① 闫润鱼. 近代中国唯科学主义思潮评析[J]. 教学与研究,2000(10).

中国科学社和《科学》杂志是由一群留美人士创办，其中大部分人是职业科研人，他们对科学的理解更加贴近国际主流科学界。《科学》杂志编辑部主任段韬在中国科学社成立百年纪念活动中指出，《科学》杂志一再呼吁，国人应该有一整体的科学概念，不要让分科之学的观念割裂肢解了以探索为核心的完整的科学概念。

但另外一方面，《科学》杂志也秉持之前中国科学观中的反传统和启蒙姿态，它的发行人就具备革命背景。任鸿隽曾任《民意报》主编，由于他批评袁世凯政府而导致《民意报》停刊，任鸿隽赴美留学。1914 年，《科学》杂志准备的三期稿件与印刷费，委托给同盟会的出版家。中科院的柯遵科与李斌认为，"《科学》最初的出版、发行和宣传都依赖于革命的报刊网络。"美国加州理工大学普莫娜分校历史系教授王作跃认为，20 世纪 20 年代，竺可桢、赵元任和梅贻琦等科学家，"以开创者的激情从事科学、救国、'公民社会'建设，科学社属于三位一体"。

值得一提的是，《科学》杂志是中国首先使用横版的出版物。《科学》杂志宣称："本杂志印法旁行上左，兼用西文句读点乙，以便插写算术物理化学诸方程式。"段韬评论说："《科学》杂志排版形式上的历史性革新，其内在的驱动力来自传播近、现代科学的需要。这在当时出版的众多期刊读物中，目的之明确，革新之彻底，恐怕找不到第二家。"

随着这本锐意革新的杂志的诞生，科学的价值意义被再次强调。1915年 1 月，《科学》的发刊词中提出："世界强国，其民权国力之发展，必与其学术思想之进步为平行线。"其发刊词还说，科学有造于物质、有造于人生、有造于智识，有助提高道德水准。总之，科学是极应求，极有益的事。

在《何为科学家》中，任鸿隽强调，他说的科学也是形而上的，是属于比实用艺术更高一层次的东西。"我们要晓得科学是学问，不是一种艺术。……我们中国人听惯了那'形而上''形而下'的话头，只说外国晓得的都是一点艺术，我们虽然形而下的艺术赶不上他们，这形而上的学问是我们独有的，未尝不可抗衡西方，毫无愧色。我现在要大家看清楚的，就是我们所谓形下的艺术，都是科学的应用，并非科学的本体。"

任鸿隽心目中的科学家，不是一种职业，而是一个带有道德褒义的社会角色，"科学家是个讲事实学问以发明未知之理为目的的人"。

很快，科学的价值就因为与"真理"的绑定而被追捧。"科学精神"一词首次出现在中文文献，是1916年1月《科学》第2卷第1期，中国科学社社长任鸿隽的《科学精神论》："科学精神者何？求真理是已。"

任鸿隽表述的科学精神，后来成为很多人的共识，如在1922年的中国科学社年会上，梁启超在《科学精神与东西文化》演讲中表述的："有系统之真知识，叫作科学；可以教人求得有系统之真知识的方法，叫作科学精神。"

有论者指出，自然学者任鸿隽和人文学者陈独秀的科学观相同，二者"在科学启蒙的活动中具有同样的价值和意义。因此，自然科学学者所宣扬的科学观，同样具备反封建、反愚昧的战斗力，是唤醒人民的号角和武器"。①

可见，新文化运动前，成熟的科学团体和读物，已提出了启蒙的、革命的、褒义的科学观，并被知识阶层认可。并不是新文化运动介绍了"赛先生"，而是"赛先生"刺激了新文化运动。

四、科学与真理合一有传统思想根源

之所以科学被评论者"推向真理"，是因为真理被所有人认为是一个好东西。谁也没有特意区分，科学通向的真理，是工具理性意义上的，还是人生观意义上的。第一代科学家，基本都是浸润传统学问的读书人阶层，在真理的召唤下，转而投向科学的。

---

① 乔兆红. 中国近代自然科学活动的形成及对新文化运动的影响[J]. 郧阳师范高等专科学校学报，2005(8).

世界观的转化也是自然而然的，中国传统思想中就有丰富的反迷信的资源。胡适自述，他十一岁看书就学到了无神论。有学者论证指出："胡适早年接受了中国传统无神论思想和怀疑倾向，接受了西方近代自然科学知识。胡适新文化运动中的科学观，是他早年这方面思想的继续和发展。"①

从传统的"崇真"向"科学神圣"过渡，并不突兀，是顺理成章的。如严复所说：西方"于学术则黜伪而崇真"。只要认同严复此说，又自认为"崇真"的有识之士，则不可避免地会投入"拥戴科学的阵营"。

对于当时"一边倒"的崇科学潮流，如今有学者给予了理解和肯定。"20世纪初的中国还相当贫弱，科学技术不是很发达，非科学的东西还很盛行。对此，'五四'的文化精英如陈独秀、胡适等都有详尽的描述。也正是在这样的历史现实基础上，李大钊、陈独秀、胡适等才尤为强调科学的价值、凸显科学的作用，甚至对其有过分渲染的倾向。也正是通过极大地发挥科学这一利器的作用，他们才能完成攻打旧文化堡垒的文化任务。"②

科学如今常被比喻为"达摩克利斯之剑"，但在革命时期，这把剑被认为是悬在旧文化的脖子上的。这也使得1920年当有人提出"科学有不值得崇拜之处"时，即被群起而攻之。

五、科玄论战显露新科学观的胜势

经过新文化运动的普及，一般知识阶层对科学的期许，如胡适所说："今日的最大责任与最需要的是把科学方法应用到人生问题上去。"而一般知识分子之信赖科学，也像胡适所说："我们也许不轻易信仰上帝的万能了，但我们却信仰科学的方法是万能的。"

但一战后，欧洲知识界的悲观意见影响了中国知识分子。如梁启超在《欧游心影录》指出，"讴歌科学万能的人，好像沙漠中的迷路者，远望见

---

① 青原. 新文化运动中胡适的科学观[J]. 聊城大学学报,1987(1).

② 徐亚东. 陈独秀与胡适科学观之比较[J]. 中州学刊,2007(3).

一个黑影，就赶过去，影子却不见了。""影子是谁？就是这位科学先生。欧洲人做了一场科学万能的大梦，到如今却叫起科学破产来。"

1923 年 2 月 14 日，张君劢做《人生观》的讲演时说："人生问题东西万国，上下古今，无一定之解决者。"因为人是活的，东西是死的。张君劢的演讲词却引起他的朋友丁文江的不满，丁文江当面反驳说："诚如君言，科学而不能支配人生，则科学复有何用？"在丁文江看来，张君劢是被"玄学鬼附身"，随即发表《玄学与科学——评张君劢的"人生观"》一文，认为不应在人生观上排斥科学，为玄学留下空地，而应该把科学应用到人生问题上去。

丁文江被傅斯年称作"欧化中国过程中产生的最高的菁华"，胡适则说他是"一个欧化最深的中国人，是一个科学化最深的中国人"。学地质学的丁文江，曾到西南实地考察，发现所用地图的底本是清初传教士所订。其中一条联通两省的重要道路在 18 世纪初就已被政府改道了，但 200 多年来在地图上毫无修订，这让他对旧地学水平之低耿耿于怀。有这样的感性认知和积怨，丁文江对欧洲科学革命的拥护，对反科学言论之方案，是完全可以理解的。

而对于张君劢的立场，当今的论者做了更为细致的阐述。典型的认识是张君劢"对自然科学和社会科学之间的差别进行了探讨，既指出了科学万能论的错误和科学本身的局限，又强调了科学不可泯灭的功绩和功能"。①

不过这些背景和细节在当时都被忽略了。张君劢和丁文江二人挑起的科玄论战，大多数对科学文化有兴趣的知识分子都参与其中。不光是人生观问题，论战后期还涉及传统文化是否有利于中国的现代化建设的讨论。今天看来，论战双方所针对的对象都是当时的青年学生，因此就决定了这并非学界内部的切磋辩证，而是聚焦于科学应有何种社会和文化地位、是否应作为最高价值的舆论争夺战。

---

① 柴文华. 论张君劢的科学观与人生观[J]. 贵州社会科学,2004(3).

有意思的是，"科学有益于人生"的问题，在这场争论中没有被科学的拥戴者认真回答，也就是说没有引入科学方法，没有采用统计、举证和实验，也是停留在"坐而论道"的层面。

有论者指出，科学与玄学的论争从表面上看，谁也没有说服谁，但结果是"所有鼓吹和信奉科学的人，实际上都受到这种信念的鼓舞，即只有受过科学训练的知识分子，才能设计出解决中国问题的方案，才有可能进行一场科学的社会革命……"这就使得他们所鼓吹的科学的行动，不仅具有学术上的重大意义，而且具有政治上、社会上的合法性保障。他们使用"赛先生"作为护身符，用这个具有魔力的护符去驱走一切迷信、保守主义以及对过去的盲目忠诚，以便把人的智慧解放出来，去思考人类所面临的种种紧迫问题。科学已不再是一般意义上的科学，而是一种"科学主义"，甚至是"绝对的科学主义"①。

还有论者从甄别科学主义的角度，指出了这场论战结果不甚积极的一面："人们普遍满足于对科学价值的津津乐道，无意做脚踏实地的研究和实践工作。正是这个极端推崇科学价值的时代，却使科学变成了一个极端缺乏内涵的空洞辞藻，以至于不管何种行为都可以贯之以科学的名义。"②

缺乏定义的空洞概念，以及空谈有余、举证不足的对话方式，使得科玄论战缺乏思想意义上的创新，但却清楚显现出科学一词在新文化运动后，已经完成了向进步图腾的转变。

六、科学主义与新文化的关联

所谓科学主义，有时指彻底的还原论的世界观，有时指科学方法万能论。无论如何，在科学主义者看来，科学不光是工具，也是一种价值。维也纳学派的卡尔纳普在《科学的世界观》中归纳的五个信念，一般被看做

---

① 马勇.丁文江和他的科学主义[J].机构设置,2011(1).
② 闫润鱼.近代中国唯科学主义思潮评析[J].教学与研究,2000(10).

对科学主义的定义。科学是统一的；科学是无界限的；科学在预测、说明和控制方面取得巨大成功；科学方法赋予科学活动以客观性；科学有益于人类。

清末西风东渐，科学主义的作为价值的"科学"，很自然地被中国人接受，并被推向极端。在政治推动下，科学从批判者的概念变成了掌权者的概念。直到现在，科学主义价值仍然从深处滋养着中国政治和文化的建设，渗透到了中国社会的各大阶层和各种生态圈，吸引了各种关注。

五四新文化运动发源于白话文运动，其感染力和革命的世界观也借由白话文广为传播。有论者指出，五四新文学本质上是用"科学精神"来洗礼旧文学，提倡白话文寄予着对西方重逻辑、重分析的思维方式和语言特色的崇拜。

以上论者指出，五四新文化运动倡导者们大多是受过西方自然科学教育的留学生，他们崇拜西方近代科学。出于崇拜，他们普遍把小说当做一门"科学"来对待。五四小说的一系列变化大多可以在"科学"中找到根源。"科学"在"五四时期"被认为不仅针对自然界，还可以加以延伸适用于人文学科等社会科学领域，形成了科学主义的立场和"科学精神"。科学因而能够批判文化，能够建设文化，参与到改造中国社会、更新民族道德精神的现代思想启蒙运动。①

"表现在小说创作上，一是要求小说描写要客观冷静，内容要符合科学常识，以达到借小说铲除鬼神迷信的目的；二是要求小说家本着'科学求实精神'对现实人生问题作精细的研究、探讨，用小说改造社会。"唐东堰指出，"科学"以及"研究""纪录""分析""实地观察"被广泛地运用到文学研究当中。文学的科学属性受到了强调。在"科学主义"影响下，五四新文学倡导者突出现实主义与实证科学的关系，强调小说"客观反映现实""研究现实人生"两方面。而前者是科学求真精神的体现，后者是科学研究

① 唐东堰. 科学主义与五四小说的历史局限[D]. 长沙：湖南师范大学，2008.

精神在文学中的运用。五四现实主义小说拒绝逃避，拒绝幻想，直面惨淡的人生，把理想摆在现实的对立面，也导致了五四小说中理想的缺席。

还有论文指出，奠定新文化运动的中心人物蔡元培，一方面拒斥洋务运动形而下的实学倾向，一方面以科学为基础会通中西文化。在那个"科学主义与道德主义是双生物"的时代，救亡重压下的文化领袖并未感受到唯科学主义与人本主义间的矛盾，而是二者并行不悖，如陈独秀所讲："世界文明有两个发源地，科学研究室和监狱。青年应该出了科学研究室就进监狱，出了监狱就进科学研究室，这才是最高尚优美的人生。"①

但胡适就曾针对那时崇尚科学的风气质疑说："何以凡同德塞两位先生反对的东西都该反对呢？……这个问题可就不是几句笼统简单的话所能回答的了。"胡适认为，概念式地鼓吹科学和民主等"主义"乃是群众愚昧性的表现，并且是新文化运动一大教训。这也显示出，在"五四时期"有另一种对于科学主义的意识。

有论者讨论了"五四时期"科学主义在文化领域的多向度展开：（一）在学术统一的重建中，以科学统一知识，产生新经学的霸权；（二）走向生活世界，以科学支配人生观，与功利原则相结合；（三）渗入政治，以科学作为社会进步的前提，出现"技治"取向；（四）将科学提升为一种普遍的价值和信仰，以科学代宗教，作为文化变革旗帜，由此科学"主义化"了。②

反科学主义思潮在胡适的《多谈些问题，少谈些主义》和见端倪，真正发轫于张君劢时代，但"科玄论战"后则不昌。20 世纪八十年代，在中国大陆，随着学术复兴重新活跃，经后来被称作"反科学文化人"的一个学者群体的宣传吹鼓，"科学主义"一词被学术界广为接受，相关的论题也重新繁盛。在学界，人们对科学主义仍然褒贬不一，一些论者干脆不认同"科学主义"的概念。科学主义的科学价值，"求真"的科学价值，"怀疑和

---

① 陈方竞. 关于"科学主义"问题——"五四"新文化(文学)运动倡导中心的多重对话[M]. 2003.

② 杨国荣. 20 世纪初科学主义的多向度展开[J]. 学术月刊,1998(3).

批判”的科学价值，今天在舆论中仍混而论之，未有区分。

结　语

清末维新派和革命派的鼓动、加上后来新文化运动的传播，让科学成为了膜拜对象，以至于在 1924 年的论战中，作为价值的科学已经难以被挑下马去，并且成为文化领域激进派的道德高地。

有论者指出，在科玄论战后，“科学主义意识形态化，无论何种团体都用其来为自己的行为进行辩护，从而披上合法性的外衣。”① 极端的例子是，国民政府在 20 世纪三十年代推行的文化复古运动，居然也自称是“科学的”。在彻底革命的马克思主义者中，许多人尊崇科学，“自然辩证法”成为科学与社会问题的一个连接点。而国民党的理论家陈立夫为抵消马克思主义宣传，写了《唯生论》，也被后来论家评为“他对科学的滥用表现了一种粗劣的唯科学主义变态。”

当下，提倡笼而统之的科学价值成为社会主流的共识，这究竟是有利于何种精神与文化呢？从功利角度，科学主义是否有助于民族精神与财富的长远发展？这些问题具有一定的现实意义。回顾和简述新文化运动以来科学主义的普及过程是必要的，因为当今意识形态就是自彼时起历年思想遗迹叠层而成。通过本文的研究，我们意识到从 20 世纪 20 年代开始昌盛于中国的科学主义科学观，一开始是出于反传统的目的、作为革命的武器而登上中国历史舞台的，革命群体的心态和共识也寄托于科学观而遗传当世。

---

① 夏胜保. 论科学与人生观论战的思想史意义[D]. 武汉：湖北大学, 2012.

中国互联网规制发展的历史分期 *

原平方

（北京印刷学院，北京　102600）

【摘　要】自从1994年中国接入国际互联网，互联网在中国的发展已经逾20年，不同学者也因此作出了不同的阶段划分。文章依据互联网发展的特点、信息传播技术本身所起的作用，以及政府对于互联网从管理到治理的不同运行逻辑，认为中国的互联网规制大体上可分为三个阶段。这三个阶段分别为：以政府为主导的互联网基础设施管理时期，具有技术赋权特征的互联网治理时期和互联网治理的"网络主权"时期。

【关键字】互联网规制；管理；治理

对于互联网20年的发展，不同的学者有不同的划分。重庆交通大学的苗国厚教授认为，分为摸索起步阶段（1994—2004年）、强化完善阶段（2005—2010年）和日趋成熟阶段（2011年至今）。起步摸索阶段是Web1.0时期，该时期属于以政府为主导的互联网管理时期，管理机构包括国务院新闻办公室（中央对外宣传办公室）、中国互联网络信息中心、公安部公共信息网络安全监察局，三机构根据各自职责分别开展相关管理工作。

---

* 本论文为北京印刷学院"新闻学概论课程"课程建设项目(项目编号为r1512000257)的研究成果之一。

2005 年，博客出现，互联网进入 Web2.0 时代，网络管理趋于复杂化、常态化。2009 年，新浪等平台开启或测试微博功能，自媒体时代开始。2010 年，电信网、广播电视网和互联网三网融合加快推进，互联网管理开始进入强化完善阶段，其管理核心是打击"黄赌毒"。2011 年 5 月，国家互联网信息办公室成立。2013 年，互联网进入移动时期。同年 12 月，进入 4G 时代。2014 年 2 月 27 日，中央网络安全和信息化领导小组成立，习近平总书记担任组长。有学者则认为，中国互联网 20 年发展可以分为三个阶段："互联网 1.0 阶段为窄带时代/门户网站时代；互联网 2.0 时代为宽带时代/博客播客时代；互联网 3.0 时代为移动时代/社交媒体时代"。本文虽然也认同互联网规制三个阶段的划分，但界定时间与内容有不同的地方。

一、以政府为主导的互联网基础设施管理时期 (1994—2008 年)

　　互联网技术在中国发展的早期，主要发挥三种作用：一是作为通信服务工具，以电信公司提供的短信、手机铃声、音视频等增值服务为主。这些应用迅速让作为新兴技术的互联网与公众的日常生活结合，互联网开始得到普及。二是作为媒体平台，1997 年前后，各大门户网站为吸引受众开始转载新闻信息。2000 年年底，国新办正式授权商业门户网站登载新闻业务。互联网媒体迅速成长，传统媒体的市场受到冲击，公众获取新闻的习惯逐渐得到改变。三是作为商业交易工具，2000 年前后，中国出现了最早的网络交易平台，如 8848（1999 年）、当当网（1999 年）和卓越网（2000 年）等。中国互联网开始商业化进程的同时，电子商务也几乎同时崛起。在这一时期，由这三类应用平台催生的互联网行业基本都采取了市场化的运作模式。互联网的商业化程度很高，甚至提供新闻信息服务的互联网媒体也可以允许有私营资本的介入，互联网的发展具有相当程度的开放性。
　　在这一阶段，中国对于互联网的管理重点是对于基础设施的管理。这表现在以下两个层面。

一方面是建立中央管理型基础设施架构。就基础设施建设来说，中国的互联网主要由九大骨干网联结而成，在所有制的角度层面属于国有性质；同时，在这些骨干网运营单位中，只有中国电信和中国网通被赋予顶级骨干运营商的地位。根据 1996 年中国国务院颁布的《中华人民共和国计算机网络国际联网管理暂行规定》第七条规定，"我国境内的计算机信息网络直接进行国际联网，必须使用邮电部国家公用电信网提供的国际出入口信道。任何单位和个人不得自行建立或者使用其他信道进行国际联网。"① 其他骨干网只能通过与这两大骨干网才能与国际互联。也就是说，中国电信和中国网通两大运营商在中国互联网中具有主导性的地位。同时，按该《暂行规定》第十条及第十二条等的规定，任何要进行国际联网的单位或者个人，都必须通过互联网络。中国的互联网管理政策在保证国家对互联网基础设施拥有控制权的同时，也实现了对于互联网信息内容流动的管理。

另一方面是强调基于国家主权的管理思维模式。从早期由公安部颁布的《计算机信息网络国际联网安全保护管理办法》（1997 年），到《互联网新闻信息服务管理规定》（2005 年），从在网络上禁止传播的信息"九不准"到"十一不准"，"危害国家安全"成为互联网内容评判的主要标准。之所以维护国家安全将作为互联网信息内容治理的主要标准，其根本原因在于，在一个全球化的互联网环境中，对于国家主权重要性的强调。而且，在依旧存在国际竞争的现实社会中，国家主权自然成为对中国互联网信息内容实施管理的一种主要思维模式，其具体表现就是对国家安全的维护和强调。这从全方位管理 ISP 到互联网用户可以看出。依据《中华人民共和国计算机信息网络国际联网管理暂行规定实施办法》第十一条规定，提供互联网服务的单位必须取得由主管部门颁发的国际联网经营许可证，报国务院信息化工作领导小组备案，许可证实行年检制度。第十三条则规定，用

---

① 张平等,郭凯天.互联网法律法规汇编[M].北京:北京大学出版社,2012:86.

户在向提供互联网服务的接入单位申请国际联网时，需提供有效身份证明，并填写用户登记表。不仅如此，行政部门还要在对互联网实施常规管理外设和内设相关资源支撑的专门机构；同时，组织专家组织开发具有自主知识产权的网络安全技术，研制适合中国需要的网络安全与监控技术。其职责就在于集合最先进的科研力量，在充足的资金保障前提下，从事各种网络安全技术的研发和设计。相关的技术创新则支持了中国互联网的信息内容管理，也使得中国的网络安全技术在世界范围内名列前茅。而在实践中，这些具有自主知识产权的网络安全技术因为具有监管信息、IP 地址定位、屏蔽等各种功能，充分防止和阻绝了互联网上的违法犯罪等信息。

在社交媒体出现之前，互联网上的信息传播基本上分为两种类型。一种是综合门户网站首页上放置的各类新闻信息标题，点开后即可查看具体内容；另一种则是由用户生产的内容，包括论坛、跟帖及博客等。这一时期对于互联网信息内容的管理主要是沿用传统媒体的管理方式，将其纳入传统媒体的范畴，借鉴和参考传统媒体的管理经验，或通过对传统媒体的管理以实现对互联网信息内容的管理。从管理主体来看，作为媒体的互联网主要由国新办、中宣部网络局管理。信息产业部（后改为工业与信息化部）不直接参与对互联网内容的管理，但负责互联网基础设施及资源的管理。公安部公共信息网络安全监察局和中国互联网违法和不良信息举报中心，负责管理色情、暴力、诈骗等信息，部分介入互联网内容管理。按照我国文化管理体制"主管主办"制度及"属地管理"原则，互联网网站主要接受注册所在地管理机构的管理，也就是要接受所在地宣传部及政府新闻办的管理。因此，在制度设计来看，国新办及中宣部对于互联网信息内容的管理显示了传统媒体时代"党管媒体"原则的进一步延续，地方宣传部系统也因此成为互联网信息内容的管理机构。

就管理方式来看，一些网站虽然是民营公司，甚至还是海外上市公司，但是由于中国的互联网网站实行许可证制度，这些网站或私营媒体仍然要接受国新办、中宣部等互联网管理部门的管理。也就是说，在互联网上提供信息服务必须取得两种类型的许可：一种是 ICP 许可证，即网络内容提供商，向互联网用户提供信息和增值业务的电信运营商。只有取得各地通信管理部门核发的《中华人民共和国电信与信息服务业务经营许可证》，才能从事互联网信息服务①。严格来说，除了学校、政府机关等建立的网站之外，大多数网站都被划入经营性网站之列，因此一般网站都须取得 ICP 许可证。另外一种许可证是指提供新闻信息内容的许可证，即提供（包括文字及视听形式在内的）新闻信息服务。按国家颁布的法律规定，需要向相关管理部门申请并取得许可证。其中，新闻出版总署对互联网出版服务实行前置审批管理，即要先经过新闻出版总署审核同意，取得互联网出版许可证（类似于取得"新闻出版刊号"），才能向通信主管部门申请互联网信息服务增值电信业务经营许可证（即 ICP 许可证）。所有提供新闻信息的网站都须取得经国新办批准的互联网新闻信息服务许可证。此外，如从事主持、访谈、报道类视听服务及自办网络剧（片）类服务，还应当同时持有广播电视节目制作经营许可证。这就是说，互联网媒体与传统媒体在资格准入方面，受到同等程度的管理。

　　管理的方式还有对于作为媒体的互联网进行新闻采访权及转载新闻权力的限定。根据 2000 年 11 月 6 日发布的《互联网站从事登载新闻业务管理暂行规定》和 2005 年 9 月 25 日公布的《互联网新闻信息服务管理规定》，明确规定有三类新闻网站可以从事这些业务。第一类是新闻单位设立的登载超出本单位已刊登播发的新闻信息、提供时政类电子公告服务、向公众发送时政类通信信息的互联网新闻信息服务单位，如人民网、新华网、中青在线等；第二类是非新闻单位设立的转载新闻信息、提供时政类电子公告服务、向公众发送时政类通讯信息的互联网新闻信息服务单位，如新浪、

---

① 《电信条例》第七条规定，国家对电信业务经营按照电信业务分类，实行许可制度。而电信业务分为基础电信业务和增值电信业务，基础电信业务包括"互联网及其他公共数据传送业务"，而增值电信业务则包括电子邮件、互联网接入服务、互联网信息服务等在内。

网易、腾讯等。第三类是新闻单位设立的登载本单位已刊登播发的新闻信息的互联网新闻信息服务单位，如《南都周刊》网站等。[2]分析来看，第一类和第三类新闻网站由于是新闻单位设立，属于党和国家所有的官方媒体。第二类网站有私营资本投资或控股，属于商业性网站，按规定可以提供新闻信息内容服务，但没有独立新闻采访权，只能转载传统媒体或网站的新闻。

总而言之，中国的互联网管理政策在 2008 年之前，主要采取的是一种以国家为主导的技术和安全管理。其主要表现是国家资本在互联网基础设施建设中居于主导地位。同时，通过建设中央管理型网络架构，建成了一套从 ISP 到用户的全流程互联网管理体制，并将意识形态纳入到信息科学的国家信息安全范式之中，形成了我国独有的一套互联网规制，各种互联网管理政策及规章制度体现出较为明显的管理逻辑。

二、具有技术赋权特征的互联网治理时期（2009—2013 年）

"技术赋权"这一概念由新加坡学者郑永年提出。在 2014 年出版的这部著作中，郑永年提出了四个假设：一是信息技术提供了信息空间的新资源，使得个人能够在数字化的公共领域内形成共同体，并对这些共同体进行赋权来参与政治活动。二是信息技术减少了潜在挑战者组织化的成本，增加了国家管理基于信息的社会活动的责任。三是信息技术为政府领导者提供了一个获取社会力量支持的通道。四是互联网使得国家、社会及个人之间形成一种"持续性互动"，以此促进了社会的健康发展。此外，郑永年教授也从政治学的视角对互联网相对于国家及社会关系的影响进行了分析。认为，国家与社会之间在作为公共领域的互联网空间具有一种非零和博弈的互动，并且在一定程度上可以达到双赢的结果，二者"相互改造"的格局得以形成。也就是说，"互联网的发展能够在国家和社会之间相互进行赋权和改造"①，国家借助网络可以推动社会进行变革，改变不合理制度、规章制度和政策，改善自我公众形象，提高执政能力和水平；社会群体也能从这种变化中受益，取得有利于自己的发展与进步机会，"国家能够利用互联网来提升它的治理，而提升了水平的治理则能够对社会有益"②。在郑永年看来，无论是国家，还是社会，一定程度上都受益于互联网的发展。就中国社会来说，"技术赋权"的重要意义在于有可能间接促成公民社会的兴起。作为原来意义上沉默群体的公众，可以有机会和平等地参与到公共事务管理之中。正是由于新浪微博等社交媒体的兴起，中国的互联网管理政策出现了由互联网管理向互联网治理的转变，治理内容也由对内容的管理转向对平台和用户的治理。

　　2009 年 8 月，新浪微博测试版正式上线，标志着互联网进入 Web2.0 时代，中国的社交媒体时代就此开始③。互联网用户不仅成为社交媒体信息的接收者和消费者，同时也成为社交媒体信息的发布者和生产者，所谓的"自媒体"开始蓬勃发展。因为具有去中心化的快速传播特征，以新浪微博为代表的社交媒体受到网站的把关管理相对较弱。原先针对新闻网站和门户网站的信息管理难以适用于以 UGC 为主的社交媒体内容生产，一套以社交媒体为重点的信息治理制度随即应运而生。为此，专门的社交媒体管理部门成立。2010 年 4 月，国新办增设第九局"承担网络文化建设和管理的有关指导、协调和督促等工作"④，着重于社交媒体及博客、论坛等用户生产内容的把关及管理。⑤ 与此同时，原来地方政府宣传部下属的网络处开始

---

① 郑永年. 技术赋权：中国的互联网、国家与社会[M]. 邱永隆，译. 北京：东方出版社，2014：15.

② 郑永年. 技术赋权：中国的互联网、国家与社会[M]. 邱永隆，译. 北京：东方出版社，2014：15.

③ 此前中国模仿 Twitter 的"饭否""嘀咕"等社交媒体网站，但是这些网站相对小型，并且尚处于培育用户的初期，因此用户数量不是很多，并没有形成大的影响，因此新浪微博测试版的开通，基本可以作为中国社交媒体时代的开启者。

④ 中国国新办增设第九局主管网络文化[N]. 大公报，2010-04-22. [2010-04-22]. [EB/OL]. http://www.capub.cn/ggfw/hyxw/2010/9773.shtml.

⑤ 这一信息来源于笔者于 2013 年 7 月在北京对互联网 A 公司的编辑人员所进行的访谈。

大多升格为网络文化宣传管理办公室，以加强对互联网信息内容特别是社交媒体内容的治理。2011 年 5 月，国家互联网信息办公室（以下简称国信办）成立，由此凸显互联网治理的重要性。2013 年 4 月，国信办与国新办分家，独立成为互联网的主要管理机构，在行政级别上与国新办及中宣部同属于正部级。国信办正式成为专业的互联网治理机构，其管理职责延伸至与互联网有关各方面的管理，治理权限加大。

在对平台和用户的治理方面，对于互联网治理的重点由内容逐渐转移到平台，具有治理端口前移的特点，强调互联网信息服务提供商的管理职责。2012 年 6 月 7 日，国信办与工信部联合发出通知，就《互联网信息服务管理办法（修订草案征求意见稿）》① 以下简称为《修订草案》向社会各界征求意见。《修订草案》把一部分管理职责下放给互联网接入服务商（ISP）和互联网信息内容服务商（ICP），互联网服务商自身的安全管理责任得到强化。例如：互联网接入服务提供者，要担负查验互联网信息服务提供者合法资质的责任。互联网信息服务提供者、互联网接入服务提供者，对于信息内容的安全与合法问题要进行安全管理、公共信息巡查、应急处置等防范措施。对于身份的查验要求，则意味网站对于互联网用户要采取网络实名制的方法。《修订草案》的治理思路显示互联网治理将从内容管理转向对平台和用户的治理。值得注意的是，随着互联网企业的不断壮大，企业社会责任越来越显示出其重要性。2009 年 7 月 22 日，国新办原副主任蔡名照在北京举行的第二届中英互联网圆桌会议上发表题为《共同构建安全可信的互联网》主旨演讲，提出要"推动互联网行业自律，互联网企业要自觉承担社会责任，坚持依法经营，自觉接受公众监督，依法维护公众利益"。2009 年 10 月，《世界媒体峰会共同宣言》也表达了媒体要切实承担社会责任，向全世界传播真实、客观、公正、公平新闻消息的愿望。2010 年 9 月，在石家庄举办的"责任媒体"高峰论坛上，原国家广电总局副局

---

① 　引自《互联网信息服务管理办法修订草案意见稿》。

长李伟则着重强调，担当责任是新闻媒体与生俱来的天职，是事业发展的前提。

在用户管理层面，网络实名制得到初步实施。2010 年 12 月 16 日，北京市政府发布《北京市微博客发展管理若干规定》，提出在北京开展微博客服务的网站及其用户要使用"后台实名，前台自愿"的登记办法。随后，广州、深圳等城市也相继出台类似规定，要求 2012 年 3 月 16 日以后的所有微博网站都必须进行实名制登记。未经实名认证的微博用户不能转发、评论及发表原创内容信息，只具有一般的浏览功能。2010 年 12 月 28 日，全国人大常委会表决通过《关于加强网络信息保护的决定》，其中心内容就是"网络实名制"得到进一步确认。就技术层面来看，随着移动互联时代的来临，通过技术的方式实现对互联网治理的思路也得到相应的延续，如由国家互联网应急中心制定的《移动互联网恶意程序黑名单规范》和《移动互联网应用自律白名单规范》就是这方面的例证。通过对技术标准的规范，以实现对移动互联网信息安全的治理成为互联网治理的一种有效手段。由此，技术势必要成为制定互联网治理政策的重要考量因素。

虽然不属于新闻网站范畴，新浪微博却具备信息传播功能。更重要的是，作为一个由用户（公众）所共同拥有及维护的"网络世界"，新浪微博具备"社区"功能。而且由于采用实名制，新浪微博这个"网络世界"并非虚拟空间，而是与现实有紧密的联系或相互对应。通过"用户创造内容"，新浪微博获得了对于公共议题的"话语权"，形成了一种基于网络技术的"电子公地"（digital commons）①，国家层面上的管理权力，如国信办等互联网管理部门，以网络实名制等方式对这一领域进行公共治理，因而新浪微博也具有了公共性的意涵。同时，作为上市公司的新浪微博，必须遵守向公众披露其市场运营信息商业规则的义务，受到市场力量的制约。"微博社区公约"及用户信用积分机制，使得互联网治理的责任由政府和第三

① Rebecca MacKinnon. Consent of the networked[M]. New York：Basic Books，2012：15.

方企业转移到用户一方，实现了对于外部管理职能的"吸纳"。政府可以借此减轻管理压力，网络用户也通过社区自治规则培养了公民自治意识。作为一种互联网企业的治理试验，新浪微博的"社区自治"机制间接推动互联网管理政策向治理政策转变，这既属于技术推动而使得公民社会得到成长，也反映了市场商业性力量的自然选择。

三、互联网治理的"网络主权"时期（2014 年至今）

2014 年 7 月 16 日，中国国家主席习近平在巴西国会发表题为《弘扬传统友好，共谱合作新篇》的演讲，首次在国家领导人层面提出"互联网治理"的概念。其实早在 2006 年，作为互联网治理的概念已经基于联合国框架，在信息社会峰会提出（当时的论坛为互联网治理论坛，IGF），全球讨论互联网治理的主要场所也在此。

2014 年 11 月 19 日—2014 年 11 月 21 日，首届世界互联网大会（WIC）在浙江乌镇举行，包括 ICANN 等在内的国际性组织、跨国互联网企业、政府代表、网民代表和学术界各方代表，共同商讨国家数据主权、网民数据与隐私保护等诸多话题。2014 年 12 月 2 日，第七届中美互联网对话在华盛顿举行，中国国家互联网信息办公室主任鲁炜亲自出席，并考察了 Facebook 等互联网企业。互联网治理的理念在一步一步加深。2015 年 12 月 16 日，习近平总书记出席乌镇第二次世界互联网大会开幕式并发表演讲，提出推进全球互联网治理体系变革的"四大原则"和"五点主张"，将网络空间主权划分为"尊重各国自主选择网络发展道路、网络管理模式、互联网公共政策和平等参与国际网络空间治理的权利"四个层次。他强调"尊重网络主权"应当成为推进全球互联网治理体系四大原则之首。值得注意的是，此届大会原定于 10 月 28 日至 30 日举行，但后来改推迟到 12 月举行，主要原因是有党和国家重要领导人要出席。果然，较上一年首届大会仅发去贺词，此次会议中共中央总书记、国家主席习近平亲自出席大会并发表演讲，表明国家领导层对于互联网大会的强烈重视程度。习近平提出以"尊重网络主权"为原则，建立"多边、民主、透明的全球互联网治理体系"，使得世界互联网大会成为中国新的外交平台。特别是对于"网络主权"的再次强调，显示中国国家领导层希望这一互联网治理原则能够成为世界多数国家的共识，以国家为主导的"多边"（multilateral）互联网治理体系冲击着以美国为首的西方国家所一贯实行的"多利益攸关方"（multistakeholders）"网络自由"治理模式。

事实上，"网络主权"原则一直是中国在互联网治理中坚持的原则和根本立场。早在 2010 年 6 月 8 日，在国务院新闻办公室颁布的第一部也是迄今为止唯——部《中国互联网状况》白皮书中，明确指出："中国政府认为，互联网是国家重要基础设施，中华人民共和国境内的互联网属于中国主权管辖范围，中国的互联网主权应受到尊重和维护。""网络主权"原则在互联网的基础设施建设层面首次得到权威表述。2013 年以来，在"法治中国"全面推进的进程中，"依法治网、依法管网"理所应当成为中国互联网治理体系建设的强音。2015 年 6 月，第十二届全国人大常委会第十五次会议初次审议《中华人民共和国网络安全法（草案）》认为，"网络主权是国家主权在网络空间的体现和延伸，网络主权原则是我国维护国家安全和利益、参与网络国际治理与合作所坚持的重要原则"。因此，该《草案》将"维护网络空间主权和国家安全"作为立法宗旨。2015 年 7 月 1 日，第十二届全国人大常委会第十五次会议通过《中华人民共和国国家安全法》。其中"网络空间主权"原则规定要"加强网络管理，防范、制止和依法惩治网络攻击、网络入侵、网络窃密等违法犯罪行为，维护国家网络空间主权、安全和发展利益"。2015 年 8 月 29 日，第十二届全国人民代表大会常务委员会第十六次会议通过《刑法修正案（九）》，则对若干网络犯罪行为增加了新的条款，如编造虚假险情、疫情、灾情和警情，故意在信息网络或者其他媒体上传播，严重扰乱社会秩序的，最高可处 7 年有期徒刑。为加强对互联网依法行政的力度，国家互联网信息办公室在 2015 年也出台若干新规。2015 年 2 月 4 日，《互联网用户账号名称管理规定》（即"账号十条"）发布；4 月 28 日，《互联网新闻信息服务单位约谈工作规定》（即"约谈十条"）颁布，网易公司（2 月 2 日）、新浪公司（4 月 10 日）、新浪和腾讯公司（7 月 15 日）和凤凰网（8 月 5 日）负责人也在 2015 年受到约谈。网站对自己编发虚假新闻、传播淫秽色情信息等突出问题要进行整改。此外，国信办还统筹开展了"净网 2015""固边 2015""清源 2015""秋风 2015""护苗 2015"等五个专项行动，对于各类网上违法违规有害信息进行全面清理和打击。互联网治理在法制化的框架中进一步前进，并上升到国家治理与网络主权的高度。

根据党的十八届三中全会的明确指示："全面深化改革的总目标是完善和发展中国特色社会主义制度，推进国家治理体系和治理能力现代化。"互联网治理体系的形成、互联网治理能力的强弱关系到国家治理的成效。在这一意义上讲，互联网治理与国家治理具有相当程度的吻合性与同构性。因此，作为治理的主体，既要理解把握互联网给国家治理带来的压力，也应发现互联网技术所带来的力量，在互联网发展中可以成为国家治理现代化的有效动力。实际上，在互联网治理政策的具体执行过程中，已在形成以政府、企业、行业组织和公众共同参与为特征的协商机制。同时，由多元主体参与、在协商互动中达成共识已经成为国家治理的基本思路。中国特色的互联网治理体系、国家治理能力的现代化正在一步一步实现。